KB264849

공관복음 강해

김기원 지음

엘맨 출판사

책머리에

크리스천의 교과서는 하나님이 주신 계시의 말씀인 성경입니다. 그러므로 성경을 날마다 또는 꾸준히 읽고 묵상하고, 특별히 그 말씀을 지키고자 하는 능력이 계속 되어야 할 것입니다. 하나님의 요구는 하나님의 은혜로 하나님의 백성이 되었으니 "내가 거룩하니 너희도 거룩하라"는 것인 줄 믿습니다. 그러므로 하나님의 말씀인 성경이 삶에 인용될 때 우리에게는 놀라운 변화와 갱신이 이루어질 것입니다.

목회 21년째 되는 부족한 저로서는 주일 외에는 주로 성경강해를 해왔습니다. 그리고 새벽기도는 창세기부터나 또는 마태복음부터 순서대로 요약강해를 했습니다. 창세기부터 계시록까지 핵심강해서를 낸지 몇 년이 지나 요약 강해서를 내게 된 것은 너무나 감사한 일입니다. 연구를 위한 목적보다는 매일매일 삶에 적용하기 위한 목적으로 작성되었기 때문에 새벽기도나 가정예배, 또는 직장 예배시에 사용하면 좋을 것입니다. 요즈음은 메시지의 본질이 너무나 변질되어 가고 있다는 것입니다. 심지어 방송, TV, 책으로 나오는 메시지가 본문과는 너무나 거리가 멀고 또 해석이 해괴한 경우를 보고 들을 때가 있습니다. 메시지의 변질은 기독교의 변질을 가져온다는 사실은 우리 기독교 역사를 통해 확인되어진 바입니다.

본 요약강해는 말씀 자체에 충실하려고 노력하였으며 쉽게 하려고 노력했습니다. 또한 기억하기 쉽도록 산만하지 않고 요점만 기억하고 적용할 수 있도록 했습니다. 본 강해서를 사용시 명심하고 실천할 것은 성경 본문을 적어도 두세 번 읽고 본 강해서를 읽으면 이해하는데 더 큰 유익이 있을 것으로 기대합니다. 본 요약 강해서가 공관복음으로 시작해서 성경 66권 전체가 나올 것을 약속 드리며 문서 선교를 26년간 계속 할 수 있도록 허락하신 하나님의 도우심과 출판을 맡아 수고해 주신 엘맨출판사 이규종 사장님께 감사 드리며 특히 70여 권 이상의 책이 나올 수 있도록 변함없는 관심을 보내주신 애독자 여러분들의 격려에 감사를 드립니다.

Pattaya Plam Beach 에서...
2002. 12. 31
김 기 원 드림

차 례

Ⅰ. 마태복음 강해

15 · 예수 그리스도와 천국을 선포함 (마 1:1~17)

16 · 하나님은 우리와 함께 하십니다 (마 1:18~25)

17 · 유대인의 왕 아기께 경배 드리는 이방인들 (마 2:1~12)

18 · 나시고 자라시고 (마 2:13~23)

19 · 사명자의 삶과 외침 (마 3:1~12)

20 · 세례 받으시는 하나님 (마 3:13~1)

22 · 예수님의 시험과 승리 (마 4:1~11)

23 · 복음 전파와 제자들을 부르심 (마 4:12~25)

24 · 예수님이 가르치신 복 (마 5:1~12)

26 · 성도의 삶과 사명 (마 5:13~20)

27 · 화목의 중요성 (마 5:21~26)

28 · 육체와 성을 질서 있게 사용할 것 (마 5:27~37)

29 · 사랑의 복음 (마 5:38~48)

30 · 하나님 중심의 신앙생활 (마 6:1~8)

31 · 주님이 가르쳐 주신 기도 (마 6:9~15)

32 · 신앙생활에 외식은 금물이다 (마 6:16~24)

33 · 성도의 우선순위 (마 6:25~34)

34 · 신자와 인간관계 (마 7:1~12)

35 · 천국에 들어갈 자와 그렇지 못한 자 (마 7:13~29)

36 · 네 믿음대로 될지니라 (마 8:1~13)

37 · 너는 나를 좇으라 (마 8:14~27)

38 · 귀신이 가장 무서워하는 예수 (마 8:28~34)

39 · 사죄와 치유의 역사 (마 9:1~8)

41 · 예수님이 오신 목적 (마 9:9~17)

42 · 일꾼을 위해 기도해야 한다 (마 9:27~38)
43 · 파송되는 일꾼들 (마 10:1~15)
44 · 실제 전도훈련 (마 10:16~23)
45 · 주님을 따르는 자의 각오 (마 10:34~42)
46 · 예수님을 영접치 않는 시대 (마 11:1~19)
47 · 마음이 쉼을 얻는 비결 (마 11:20~30)
48 · 안식일의 주인이신 예수님 (마 12:1~13)
49 · 예수님의 겸손과 자비 (마 12:14~21)
50 · 예수님에 대한 상반된 평가 (마 12:22~32)
51 · 요나의 표적을 구하는 시대 (마 12:33~42)
52 · 예수님의 가족 (마 12:43~50)
53 · 씨를 뿌리는 자와 밭 (마 13:1~23)
54 · 몰래 뿌리는 곡식 밭의 가라지 (마 13:24~30)
55 · 천국에 대한 비유 (마 13:24~43)
56 · 예수를 배척한 고향 사람들 (마 13:51~58)
57 · 참 선지자의 길 (마 14:1~12)
58 · 육신도 귀중히 여기시는 예수님 (마 14:13~21)
59 · 풍랑을 잔잔케 하시는 예수님 (마 14:22~36)
60 · 예수님의 개혁운동 (마 15:1~9)
61 · 소경이 소경을 인도하면 안된다 (마 15:10~20)
62 · 믿음이 큰자가 되자 (마 15:21~28)
64 · 문제 해결자로 오신 예수님 (마 15:29~39)
65 · 바리새인과 사두개인들의 누룩을 조심하라 (마 16:1~12)
66 · 천국의 열쇠는 교회의 기초이다 (마 16:13~20)
67 · 십자가를 지고 나를 좇을 것이니라 (마 16:21~28)
68 · 주님의 말씀만 들어라 (마 17:1~8)
69 · 믿음의 능력 (마 17:14~21)
70 · 죽음과 부활을 예고하심 (마 17:22~27)
71 · 실족케 하지 말라 (마 18:1~4)
72 · 하나님의 뜻 (마 18:11~20)
73 · 무제한의 용사 (마 18:21~35)
74 · 바리새인들의 올무를 위한 시험 (마 19:1~12)
75 · 천국과 영생은 어떤자의 것인가? (마 19:13~22)
76 · 영생을 상속 받을 자 (마 19:23~30)
78 · 주인되신 하나님의 뜻 (마 20:1~16)
79 · 하늘 나라에서의 지위 (마 20:17~28)

80 · 기회를 포착하라 (마 20:29~34)
81 · 예수님이 쓰시는 사람 (마 21:1~11)
82 · 성전을 정화하시는 예수님 (마 21:12~17)
83 · 열매있는 신앙 (마 21:18~22)
84 · 아버지의 뜻대로 행하는 자 (마 21:23~32)
85 · 하나님의 자비와 인내 (마 21:33~46)
86 · 천국은 준비된 잔치와 같다 (마 22:1~14)
87 · 구별의 지혜 (마 22:15~22)
88 · 사두개인들의 영적 무지 (마 22:23~33)
89 · 믿음은 하나님의 선물이요 최고의 복 (마 22:34~46)
90 · 서기관들과 바리새인들의 행위 폭로 (마 23:1~12)
91 · 하나님의 무서운 경고 (마 23:13~22)
92 · 화 있을진저 소경된 자여 (마 23:23~28)
93 · 하나님의 사랑을 거절하는 자들의 결과 (마 23:29~39)
94 · 말세의 징조들 (마 24:1~14)
95 · 예루살렘 함락에 대한 예언 (마 24:15~28)
96 · 재림의 표적 (마 24:29~36)
97 · 영적 무감각과 예수 그리스도의 재림 (마 24:37~51)
98 · 천국과 열 처녀 비유 (마 25:1~13)
99 · 준비하고 깨어 있으라 (마 25:14~30)
100 · 나눔의 심판 (마 25:31~46)
101 · 좋은 헌신 (마 26:1~13)
102 · 제자 속의 가라지 (마 26:14~25)
103 · 성찬식의 제정 (마 26:26~35)
104 · 겟세마네 동산에서의 기도 (마 26:36~46)
105 · 예수를 잡는 자들 (마 26:47~56)
106 · 불법 심문과 베드로의 부인과 회개 (마 26:57~75)
107 · 가룟 유다의 후회 (마 27:1~14)
108 · 하나님을 두려워 아니하는 자들 (마 27:15~26)
109 · 십자가를 지시고 십자가 위에 달리심 (마 27:27~44)
110 · 하나님의 아들 예수 (마 27:45~54)
111 · 장사되신 예수님 (마 27:55~66)
112 · 예수님의 고난 (마 26:1~30)
113 · 예수님의 부활과 분부 (마 28:1~15, 20)

Ⅱ. 마가복음 강해

117 · 예수님은 하나님의 아들이시다 (막 1:1~20)
118 · 권세있는 말씀 (막 1:21~28)
119 · 능력의 출처 (막 1:29~39)
120 · 꿇어 엎드려 간구하자 (막 1:40~45)
121 · 죄를 사하는 권세를 가지신 예수님 (막 2:1~12)
122 · 예수님이 오신 목적 (막 2:13~22)
123 · 안식일의 주인이신 예수님 (막 2:23~28)
124 · 손마른 사람과 완악한 무리 (막 3:1~6)
125 · 예수님께서 제자들을 세우신 목적 (막 3:7~19)
126 · 성령을 훼방하는 죄 (막 3:20~30)
127 · 예수님의 가족 (막 3:31~35)
128 · 씨뿌리는 비유 (막 4:1~20)
129 · 하나님의 나라의 비유 (막 4:21~32)
130 · 창조주 예수님 (막 4:33~41)
132 · 더러운 귀신들린 자를 온전케 하심 (막 5:1~20)
133 · 병자와 죽은 자를 고치시고 살리심 (막 5:21~43)
134 · 믿지 않음을 이상히 여기더라 (막 6:1~6)
135 · 보내시는 예수님 (막 6:7~13)
136 · 순교자 세례 요한 (막 6:14~29)
138 · 오병이어의 기적 (막 6:30~44)
139 · 기도와 사역 (막 6:45~56)
140 · 유전이 신앙보다 더 중하지는 않다 (막 7:1~9)
141 · 진심이 무엇이냐?(속에 든 것이 무엇이냐?) (막 7:10~23)
142 · 이방인 수로보니게의 믿음 (막 7:24~30)
143 · 에바다(열려라) (막 7:31~37)
144 · 칠병이어의 기적 (막 8:1~13)
145 · 아직도 깨닫지 못하느냐? (막 8:14~26)
146 · 자기 신앙고백과 실천 (막 8:27~38)
147 · 신비의 체험 (막 9:1~13)
148 · 기적이 나타나는 믿음 (막 9:14~29)
149 · 십자가와 섬김 (막 9:30~37)
150 · 실족케 말고 협력하라 (막 9:38~50)
151 · 예수님이 교훈하신 가정윤리 (막 10:1~16)
152 · 부자는 하나님의 나라에 들어가지 못하느냐? 어려우냐?

(막 10:17~31)

153 · 죽으러 앞서 가시는 예수님 (막 10:32~34)

155 · 어리석은 간구 (막 10:35~45)

156 · 소경의 부르짖음 (막 10:46~52)

157 · 무명의 영광스러운 입성 (막 11:1~10)

158 · 성전은 기도하는 집 (막 11:11~24)

159 · 예수님을 모르는 종교 지도자들 (막 11:25~33)

160 · 포도원 농부 비유 (막 12:1~12)

161 · 말씀을 사모하는 자와 책잡으려고 하는 자 (막 12:13~27)

162 · 계명 중의 계명 (막 12:28~37)

163 · 외식은 신앙의 가장 무서운 죄입니다 (막 12:38~44)

164 · 말세의 징조 (막 13:1~13)

165 · 환난의 길 (막 13:14~27)

166 · 주 안에서 기념이 될만한 헌신이 무엇인가? (막 14:1~11)

167 · 축복의 만찬 (막 14:12~25)

168 · 아버지의 원대로 하옵소서 (막 14:26~42)

169 · 비진리가 승리한 것 같으나 (막 14:43~59)

170 · 이상과 신앙 (막 14:60~72)

171 · 죄인이 의인을 재판함 (막 15:1~20)

172 · 이 사람은 진실로 하나님의 아들이었도다 (막 15:26~41)

173 · 참 믿음의 소유자 (막 15:42~47)

174 · 예고대로 부활하신 예수님 (막 16:1~11)

175 · 능력있는 복음 (막 16:12~20)

III. 누가복음 강해

179 · 하나님의 구원 계획 실시 (눅 1:1~7)

180 · 새 시대를 준비하는 역할 (눅 1:8~25)

181 · 마리아에게 임한 계시 (눅 1:26~38)

182 · 기쁨을 주러 오시는 예수님 (눅 1:39~56)

183 · 세례 요한의 출생 (눅 1:57~80)

184 · 구주로 오신 예수 그리스도 (눅 2:1~14)

185 · 목자들이 예수님을 경배함 (눅 2:15~24)

186 · 시므온과 안나 (눅 2:25~39)

187 · 예수님의 성장 (눅 2:40~52)

188 · 요한의 세례와 성령 세례 (눅 3:1~22)

189 · 예수님의 족보 (눅 3:23~38)

190 · 사역의 최종적인 준비와 시험 (눅 4:1~13)

191 · 예수님의 사역의 시작 (눅 4:14~30)

192 · 예수님의 사역과 따르는 능력 (눅 4:31~44)

193 · 예수가 해답이다 (눅 5:1~11)

194 · 질병을 고쳐 주신 예수님 (눅 5:12~16)

195 · 죄사할 권세가 있는 예수님 (눅 5:17~26)

196 · 새 것으로의 변화 (눅 5:27~39)

197 · 안식일의 주인되시는 예수님 (눅 6:1~11)

198 · 열두 제자의 선택 (눅 6:12~19)

199 · 새로운 축복 길 (눅 6:20~26)

200 · 제자로서의 삶 (눅 6:27~38)

201 · 올바른 제자 (눅 6:39~49)

202 · 백부장의 중보기도 (눅 7:1~10)

203 · 죽은 자를 살리신 예수님 (눅 7:11~17)

205 · 복음을 전하러 오신 예수님 (눅 7:18~25)

206 · 믿음의 행위 (눅 7:38~50)

207 · 씨에 대한 비유 (눅 8:1~15)

208 · 빛된 삶 (눅 8:16~21)

209 · 잔잔케 하시는 예수님 (눅 8:22~39)

210 · 고치시고 살리시는 예수님 (눅 8:40~56)

211 · 육신을 보살펴 주시는 예수님 (눅 9:10~17)

212 · 고난에 대한 예언과 가르치심 (눅 9:18~36)

214 · 능력 부족, 믿음 부족 (눅 9:37~45)

215 · 미성숙된 제자들 (눅 9:46~56)

216 · 제자가 가야 할 길 (눅 9:57~62)

217 · 세상으로 파송되는 일꾼들 (눅 10:1~16)

218 · 성도의 기쁨 (눅 10:17~24)

219 · 성도의 삶 (눅 10:25~37)

220 · 주님이 보실 때 좋은 편 (눅 10:38~42)

221 · 기도에 대한 교훈 (눅 11:1~13)

222 · 귀신을 쫓아내신 예수님 (눅 11:14~28)

223 · 표적을 요구하는 민중 (눅 11:29~36)

224 · 종교 지도자들의 죄와 미칠 화 (눅 11:37~54)

225 · 마땅히 두려워 할 자 (눅 12:1~12)

227 · 하나님이 보실 때 어리석은 자 (눅 12:13~21)

228 · 염려말고 먼저 그 나라 그 의를 구하라 (눅 12:22~34)
229 · 준비하고 기다리는 생활 (눅 12:35~53)
230 · 시대를 분별하는 지혜 (눅 12:54~59)
231 · 누구든지 회개해야 한다 (눅 13:1~9)
233 · 안식일에 관한 교훈 (눅 13:10~21)
234 · 좁은 문으로 들어 가기를 힘쓰라 (눅 13:22~30)
236 · 예루살렘과 예수님 (눅 13:31~35)
238 · 안식일에 대한 잘못된 개념 (눅 14:1~6)
240 · 모든 사람 앞에서 자기를 낮추라 (눅 14:7~11)
242 · 잘못된 초청이나 환대 (눅 14:2~14)
244 · 잘못된 확신을 지적하심 (눅 14:15~24)
245 · 영적인 계산 (눅 14:25~35)
246 · 찾음의 기쁨 (눅 15:1~10)
248 · 돌아옴의 기쁨 (눅 15:11~24)
250 · 용서하시는 아버지 (눅 15:25~32)
252 · 청지기의 사명 (눅 16:1~13)
254 · 잘못된 삶의 결과 (눅 16:14~31)
256 · 용서에 대한 교훈 (눅 17:1~6)
258 · 충성에 대한 교훈 (눅 17:7~10)
260 · 올바른 감사 (눅 17:11~19)
262 · 성도의 삶은 준비하는 삶 (눅 17:20~37)
264 · 기도는 응답할 때까지 하라 (눅 18:1~8)
265 · 교만에 길들여진 바리새인 (눅 18:9~17)
266 · 한 가지 부족한 청년 (눅 18:18~34)
268 · 거지의 믿음 (눅 18:35~43)
270 · 잃어 버린 자를 찾아 구원하시는 예수님 (눅 19:1~10)
272 · 충성에 대한 보상이 철저하신 예수님 (눅 19:11~27)
274 · 평화와 영광의 왕이신 예수 그리스도 (눅 19:28~48)
276 · 정직하지 못한 종교 지도자들 (눅 20:1~19)
278 · 가이사의 것과 하나님의 것 (눅 20:20~26)
279 · 부활 때의 모습에 관한 질문 (눅 20:27~40)
280 · 다윗이 고백한 주님 (눅 20:41~47)
282 · 신앙과 헌금 (눅 21:1~4)
283 · 미래에 대한 교훈 (눅 21:5~19)
285 · 예루살렘 멸망 예고 (눅 21:20~28)
286 · 너희는 스스로 조심하라 (눅 21:39~38)

287 · 유월절 만찬 (눅 22:1~23)
290 · 제자들에게 당할 시험들 (눅 22:24~38)
292 · 겟세마네에서의 기도 (눅 22:39~53)
294 · 예수님의 이중 고난 (눅 22:54~62)
296 · 내가 하나님의 아들이라 (눅 22:63~71)
297 · 예수님에 대한 빌라도의 태도 (눅 23:1~25)
299 · 예수님과 구레네 사람 시몬 (눅 23:26~)
301 · 예수님과 예루살렘의 딸들 (눅 23:27~31)
303 · 예수님과 두 십자가 동기 (눅 23:32~43)
305 · 예수님의 성부 하나님께 드리는 기도 (눅 23:44~49)
307 · 예수님 죽음 이후 아리마대 요셉 (눅 23:50~56)
308 · 부활하신 예수 (눅 24:1~12)
309 · 부활의 확증 (눅 24:13~27)
311 · 영적인 눈을 뜨게 하시는 예수님 (눅 24:28~35)
312 · 혼란 이후 확증 기쁨 (눅 24:36~53)

I. 마태복음 강해

예수 그리스도와 천국을 선포함

마 1:1-17

마태복음은 예수 그리스도의 열두 제자 중 하나인 마태가 기록했습니다.

레위라고 불리웠던 그는 본래 로마제국을 위해 일하는 세금 징수원이었습니다. 그는 특히 예수님의 신분을 소개하면서 예수님은 유대인의 왕이요 만왕의 왕이심을 강조합니다.

1. 예수님의 족보 속에 나타난 하나님은 어떤 분이십니까?
   · 하나님은 아브라함에게 하신 언약, 다윗에게 하신 언약을 신실하게 지키시는 분이십니다.
   · 여자와 이방 여자들이 족보에 기록된 것은 육적인 혈통보다 믿음의 혈통을 강조한 것입니다. 죄인이든지 이방 여자든지 믿음으로 하나님의 권속이 될 수 있음을 보여줍니다.
   첫째 아담은 범죄하므로 그와 그 후손이 죽고 죽는 역사였지만 둘째 아담되는 예수 그리스도는 낳고 사는 역사가 계속되는 것입니다.
2. 예수님은 하나님의 아들이시다는 사실을 어떻게 강조합니까?
   예수는 남자에 의하지 아니하고 마리아에게서만 나셨음이 강조됩니다. 이것은 창세기 3:15의 약속된 여자의 후손이 그대로 성취된 것입니다(갈 4:4).
   · 우리는 믿음으로 예수님의 가족이 될 수 있습니다. 하나님의 약속에 의해 우리의 구원은 완성될 것입니다.

하나님은 우리와 함께 하십니다

마 1:18-25

예수님이 이 땅에 오심은 하나님이 우리와 함께 하신 사건이요 그를 나타내신 방법입니다. 예수님은 성령으로 잉태되심은 단순한 사람이 아니라 하나님의 아들이심을 나타내신 것입니다. 우리도 성령으로 태어나야, 즉 거듭나야 하나님의 자녀가 됩니다.

하나님이 우리와 함께 하시기 위해서는 죄에서 우리를 구원하셔야만 했던 것입니다. 죄인은 죄인을 구원할 수 없습니다. 남자에게서 난 자는 다 죄인입니다. 여자에게서 난 성령으로 잉태된 자만이 의인인 것입니다.

예수님의 양부로서 요셉이 선택된 것은 그가 의로운 사람이었기 때문에 의심의 소지가 없는 자였습니다. 여기에서 말하는 의는 도덕적인 수준을 말합니다. 요셉은 하나님의 뜻에 순종했습니다. 천사는 요셉을 다윗의 자손이라고 호칭했습니다. 요셉은 끝까지 순결을 지켰습니다. 예수님은 우리를 구원하시기 위해 죄 없으신 몸으로 이 땅에 오셨습니다.

· 성도의 삶은 임마누엘의 삶입니다.
· 성도의 삶은 순종의 삶이 되어야 합니다.

유대인의 왕 아기께 경배 드리는 이방인들

(마 2:1-12)

예수님이 이 땅에 출생할 때 그 사실을 안 사람들의 반응이 각자 다릅니다. 헤롯은 분노했습니다. 유대 지도자들은 당황했습니다. 백성들은 소동했습니다. 그러나 이방의 박사들은 기뻐하고 정성을 다해 경배했습니다. 예수님은 본 고장에서는 환영과 축하는 커녕 소동이 일어났습니다.

하나님께서 별을 통하여 인도하신 것은 어떤 점성술을 인정하신 것이 아니라 우주 만물의 주인으로서 별을 징조로 사용하신 것입니다. 예수님은 분노의 대상도, 당황의 대상도, 소동의 대상도 아닙니다. 기쁨과 감사의 대상이요 경배의 대상입니다. 자기의 지위와 명예에 눈이 어두운 자는 예수님을 만나거나 경배 드릴 수 없습니다. 예수님을 이 땅의 왕으로 믿는 자는 예수님을 바로 이해할 수 없었습니다. 믿음과 경배로 이끌지 못하는 성경 지식은 생명이 없습니다.

예수님을 사모해야 합니다.

예수님을 경배해야 합니다.

경우에 따라서는 별을 통한 외적 증거와, 꿈을 통한 내적 지시에 순종해야 합니다. 예수님은 겸손한 자에게만 만나 주시고, 발견되어집니다.

나는 얼마나 예수님을 사모하며 경배합니까?

나시고 자라시고

마 2:13-23

예수님은 베들레헴에서 나시고, 나사렛에서 자라셨습니다. 성경의 예언에 의하면 예수님은 베들레헴에서 나시기로 되어 있었습니다. 정권욕에 눈이 어두운 헤롯 왕은 베들레헴 남자 아이들을 다 학살시키고, 예루살렘 성전을 지어 유대인의 환심을 사려고 하는 속임수를 썼던 것입니다.

요셉은 헤롯이 죽을 때까지 애굽으로 아기 예수를 데리고 피신해 있었습니다. 하나님께서 꿈으로 미리 알려 주신 것입니다. 그리고 헤롯이 죽은 이후 나사렛에서 부모의 일을 도우며 준비하셨습니다.

우리가 꿈에 매일 필요는 없습니다. 성경이 완성된 지금은 옛날처럼 꿈의 지시가 많이 필요한 때도 아닙니다. 그러나 우리는 무슨 문제든지 나 혼자 해결 하려고 하지 말고, 성경의 말씀과 하나님의 인도하심을 받아야 하는 것입니다.

예수님의 고난은 우연이 아닙니다. 하나님의 거룩한 계획이요 섭리입니다. 성도들의 고난도 마찬가지 입니다. 우연이 아닙니다. 하나님의 선하신 뜻이 있습니다. 인간은 그 어떤 수단이나, 권력으로도 하나님의 역사를 막거나 어지럽힐 수 없습니다. 결국 하나님의 계획은 이루어지고야 맙니다.

우리는 헤롯처럼 세상의 권력이나 명예나 물질에 눈이 어두워지지 않도록 기도해야 할 것입니다. 그리고 세상에서 받는 고난을 이기고, 순종할 수 있는 믿음과 담력을 달라고 기도하시기 바랍니다.

사명자의 삶과 외침

마 3:1-12

세례 요한은 하나님이 보내신 사명자입니다.

이사야 선지자로 통하여 예언되어진 '광야의 소리'로 예수님을 전하기 위해 온 신약과 구약의 중간지점에 서있는 선지자입니다.

· 하나님이 보내신 사명자의 특징은 육신의 삶이 구별되었습니다. 의식주 생활에 얽매인 삶이 아니라 초연했습니다. 초연했다는 것은 초월했다는 의미는 아닙니다.

여기 약대 털옷, 메뚜기와 석청, 광야에서란 말은 의식주 문제인데 의식주 문제가 남보다 달랐다는 사실을 강조하기보다 초연했다는 것입니다. 사도 바울이나 예수님, 그리고 구약시대의 다니엘이나 그의 세 친구들을 보면 의식주 문제에 초연했음을 알 수 있습니다.

· 그가 외친 내용은 회개와 세례의 복음입니다. 회개와 세례의 과정, 즉 거듭남의 과정없이 하늘 나라를 소유할 수는 없습니다.

영혼 구원을 위해 육신의 삶은 초연 하면서 사명자의 길을 걸었습니다. 세례 요한은 예수님을 증거하는 사명을 다했습니다.

나는 나의 사명의 길을 잘 감당하고 있습니까?

세례 받으시는 예수님

마 3:13-1

예수님은 요한에게 세례를 받으셨습니다. 사실 세례는 거듭남의 표시입니다. 그러기에 예수님은 원리상으로는 세례를 받으실 필요가 없으십니다. 그러나 예수님은 모든 사람들처럼 세례를 받으심으로 의를 이루셨습니다.

이것은 여러 가지 의미가 있습니다. 좋은 제도는 계속적으로 전승되어야 한다는 사실과 또 예수님께서는 하나님께서 세례 요한에게 주신 권위를 인정하신 것입니다. 예수님은 이 땅에 오신 하나님이시지만 자기보다 먼저 온 세례 요한을 존경할 줄 아는 자였습니다. 예수님은 자신의 육신의 어머니를 지극히 공경했듯이 인간으로서의 도리를 지켰던 것입니다. 기독교는 인간의 도리나 윤리와 무관한 종교가 아닙니다. 인간관계의 중요성을 강조하시면서 화목을 강조하셨습니다. 우리는 하나님의 주신 권위를 인정하고, 일꾼들에 대해 합당한 대우를 해야 할 것입니다.

예수님은 하나님의 구원 계획을 하나하나 성취하심으로 선을 이루시고, 의를 이루셨습니다. 예수님의 오심의 목적은 의를 이루는 것입니다. 예수님은 죄가 없으시지만 죄인들을 구원하시기 위해 죄인이 되셔서 죄인이 받는 세례를 받으셨습니다. 그러나 예수님은 세례를 받으실 때 성령에 의해 기름 부음을 받으셨습니다.

성령은 예수님을 잉태케 하고, 능력으로 일하게 하셨습니다. 그리고 하나님은 예수님이 하나님의 아들이신 것을 증거하셨습니다.

사랑하는 성도 여러분!

우리는 어떠한지 이 시간에 반성합시다. 인간관계를 무시하지는 않습니까?

선을 이루는데 주력합니까?

그렇지 못합니까?

하나님이 주신 권위를 인정합니까?

미리암이 모세가 자기 동생이면서도 함부로 비난하고, 흉보다가 한 센씨병이 걸리지 않았습니까?

예수님이 하늘에서 오신 하나님의 아들이심을 증거하는데는 성령의 임하심이 넘쳐야 한다는 사실을 기억해야 합니다.

이 시간 기도할 때 "주님! 나를 통하여 하나님의 뜻을 이루게 하옵소서, 예수를 증거케 하옵소서." 소원의 기도하시기 바랍니다.

예수님의 시험과 승리

마 4:1-11

세례 요한이 광야에서 천국 복음을 전파하고, 예수님은 광야에서 시험을 받으셨습니다. 이스라엘 백성들도 광야 40년이 연단의 기간이 었듯이 신앙생활과 광야는 깊은 연관성과 의미가 있습니다. 예수님이 광야에서 마귀에게 시험을 받으신 것은 둘째 아담, 즉 하나님 나라의 대표로서 받으신 시험입니다.

첫째 아담은 에덴 동산에서 사단의 시험에 실패했으나, 둘째 아담 되시는 예수님은, 광야에서 사단의 시험에 승리하셨습니다.

예수님의 공생애가 시작되기 전에 금식으로 준비하실 때 먼저 온 것은 마귀의 시험이었습니다.

그리고 말씀으로 물리치셨습니다. 그러나 첫째 아담은 말씀에 충실 하지 못했습니다. 하나님의 말씀을 아담은 충실히 듣고, 하와에게는 충실히 전달하지 못했습니다. 사단을 이기는 힘은 기도와 말씀입니 다. 사단의 첫째 시험은 먹는 문제입니다. 가장 무서운 시험이 먹는 문제입니다. 모든 사람이 물질 앞에서는 약해져 버립니다. 물질에 초 연해지면 그 어떤 유혹도 이길 수 있습니다. 시험의 승리 없이는 사역 도, 사명도 불가능합니다. 우리는 날마다 승리해야 합니다. 그렇지 않 으면 마귀가 떠나지도, 죽지도 않기 때문입니다. 무저갱에 갇히기 전 에는 활동할 것입니다.

나는 얼마나 기도로 준비합니까?

금식 기도의 유익을 아십니까?

사단의 시험에 우리 모두 승리합시다!

복음 전파와 제자들을 부르심

마 4:12-25

예수님의 사역은 복음 전파요, 병고침, 제자들을 부르시고 양육하심과 죄인된 인간을 위한 사역이었습니다.

예수님의 사역이 시작될 무렵 세례 요한은 체포되었습니다. 그러나 예수님은 놀라거나 위축되지는 아니하셨습니다. 당분간은 당국자들과 충돌은 피하고 지혜롭게 대처했습니다.

예수님은 하나님의 아들이시지만, 즉 전지전능하신 분이시지만, 혼자 일하기를 좋아하지 않고 동역자를 구합니다. 우리는 혼자하기를 좋아합니까? 함께 하기를 좋아 합니까? 예수님은 혼자 다 하실 수 있는 일도 함께 하셨습니다. 예수님이 동역자를 부르실 때는 가정과 자기 직업에 충실한 자들을 부르신 것으로 드러나 있습니다. 직업의 종류나 학벌을 귀중히 여기지 아니했습니다.

예수님은 가르치고, 병자들을 고치시고, 복음을 전파하셨습니다. 만왕의 왕으로서의 권위를 가지고 행하셨습니다. 그러나 무력으로 다스리는 지배자가 아니라, 영적으로 원리와 사랑으로 가르치고 고치시는 위대한 지도자였습니다.

· 주님! 함께(동역)일하는 자가 되게 하옵소서.
· 혼자는 괜찮은데 함께만 하면 파벌이 생기는 자가 되지 않도록 도와 주옵소서.
· 주님의 제자로서 부름받기에 합당한 자들이 되게 하옵소서.
· 가정과 직업에 충실케 하옵소서.

예수님이 가르치신 복

마 5:1-12

예수님은 복이 무엇이다는 사실을 가르치셨습니다.

이 세상 사람들 중에는 복을 모르는 불행이 있고, 복을 못 받는 불행이 있습니다. 뿐만 아니라 복이 아닌 것을 복으로 아는 어리석음도 있고, 얼마든지 받을 수 있는 복을 알지 못해 못 받는 불행도 있습니다.

예수님께서는 예수님을 따라 몰려드는 군중들에게 복을 가르치셨습니다. 대표적으로 8가지 복을 가르치셨는데 그 첫 번째가 "심령이 가난한 자"가 복이 있다고 하셨습니다.

심령의 가난은 모든 복의 첫 걸음입니다. 가난한 자는 오로지 부하게 되는 것을 사모하는 마음으로 가득차 있습니다.

성경은 예수님의 가르치심을 겸손과 사모하는 마음, 이것이 복받는 근본적인 길이요 비결이라는 것입니다. 심령에 욕심과 교만과 잡다한 생각으로 가득차 있는 상태에서는 하나님이 주시는 복을 받을 수가 없습니다. 애통, 온유, 의에 주리고 목마름, 모두 빈 마음의 상태, 갈급한 상태, 부르짖는 상태, 회개하는 상태를 나타내고 있는 것입니다. 전적으로 하나님을 의지하는 상태입니다.

예수님이 가르치신 복은 모두 내적인 상태를 강조합니다.

모든 복은 심적인 상태에서 출발되는 것입니다.

구약시대의 복은 모두 보이는 상태의 복이었습니다.

그러나 예수님이 가르치신 복은 내적인 상태의 복입니다. 예수님 시대에 주님을 따르던 대다수의 사람들은 가난한 자, 병자, 외로운 자, 소외된 계층의 사람들이었습니다.

지금 내 마음의 상태는 어떠합니까?

항상 사모하는 마음, 갈망하는 마음, 주님을 의지하는 마음입니까?
다른 것으로 가득 차 있지는 않습니까?
사모하는 자, 겸손한 자, 회개하는 자가 복된 자입니다.

성도의 삶과 사명

마5:13-20

세상 속에서의 성도의 삶과 사명에 대해서 말씀하셨습니다.

1. 성도는 세상 속에서의 소금으로 삼으셨습니다.

소금은 맛을 내고 부패를 방지하는 역할을 합니다.

구약시대에는 제물에 소금을 쳤습니다(레 2:13, 겔 43:24). 그리고 언약을 맺을 때에 변치 않는 언약의 상징으로 언약자들이 함께 먹었습니다(대하 13:5). 또 마가복음 9:50에 보면 소금은 화목의 상징이기도 합니다. 성도는 천국 백성이므로 세상의 부패를 방지하고 삶의 맛을 내는 역할을 다하며 하나님과 화목하도록 중재 역할을 해야 하는 것입니다.

2. 성도는 세상 속에 빛이 되게 하셨습니다.

빛은 착한 행실을 통하여 하나님을 드러내게 되고, 영광을 돌리게 되는 것입니다. 말씀 중심의 삶이 바로 소금의 삶이요 빛의 삶인 것입니다. 성도의 삶은 하나님을 드러내는 삶이 되어야 하는 것입니다. 서기관들과 바리새인들은 자신의 회개하고 변화된 모습을 보여주지 못한 것 같습니다. 그래서 신랄하게 책망을 받기도 했습니다.

· 나는 지금 칭찬의 대상인가? 책망의 대상인가?

· 나는 세상의 소금이며 빛인가? 아니면 흑암의 권세에 사로잡혀 있지는 않습니까? 우리가 완전하지는 못하지만 무언가 달라야 하고 나아져야 합니다.

나는 불신자보다 무언가 조금 낫다고 생각되는 부분이 있습니까?

화목의 중요성

마 5:21-26

남에 대해서 예리하고 까다로운 사람일수록 자신에 대해서는 관대합니다. 우리가 대인관계에 있어서 화를 내거나 욕하는 일은 삼가야 하는 것입니다. 어떤 사람들은 자신의 내부에서 일어나는 갈등과 스트레스를 다른 사람에게 풀어버리려고 하는 경우도 없지 않습니다.

우리 민족은 화를 잘내고 욕을 잘하는 민족 중에 하나라고 해도 과언이 아닙니다. 예수님은 이웃과 불화하거나, 욕하거나, 화를 내는 것을 엄히 경고하고 있습니다. 하나님과 화목하는 길은 먼저 사람과 화목이 이루어져야 함을 강조합니다. 불화하는 상태에서 예배를 드리는 것은 하나님이 기뻐하시지 아니하십니다. 십계명의 정신은 사랑입니다. 위로는 하나님을 최고로 사랑하고, 아래로는 이웃을 내 몸같이 사랑하는 것입니다.

화목은 천국 백성들의 삶의 자세요 예배 정신입니다.

화목은 기도의 문을 열고 응답을 얻게하며, 예배가 축제의 분위기가 되게 합니다. 사랑의 실천 없이 화목은 불가능합니다. 용서와 이해, 그리고 겸손과 희생 없이는 화목이 불가능합니다.

예수님은 하나님과 우리 사이를 화목하게 하기 위해 이 땅에 오신 구세주이십니다.

나는 내가 앉는 장소마다, 만나는 사람마다 화목이 이루어집니까? 불화가 이루어집니까? 화목은 노력해야 됩니다. 자신의 욕심을 버려야 됩니다. 이기주의적인 삶은 화목을 불가능하게 합니다.

"주여! 나를 평화의(화목) 도구가 되게 하옵소서" 하고 기도합시다.

육체와 성을 질서 있게 사용할 것

마 5:27-37

예수님께서는 우리 육체를 죄의 도구로 사용될 것이 아니라 깨끗하고 거룩하게 그리고 질서있게 사용할 것을 명하고 있습니다.

성과 결혼 문제는 십계명 중 제7계명에서도 명하고 있고, 신명기 22:13-30, 23:18, 24:1-5에 상세하게 교훈하고 있습니다. 함부로 성관계를 가지거나 쉽게 이혼하는 것을 금하고 있습니다. 정상적인 성욕이나 이성에 대한 생각이 모두 나쁜 것은 아닙니다.

그러나 자신의 한계를 벗어나거나 허용되지 아니한 관계는 엄히 경고하고 죄 중에 몸안에 있는 죄로 다루고 있습니다. 사도 바울은 성도들의 몸과 지체가 의의 병기가 될 것을 교훈하고 있습니다. 아울러 맹세의 문제도 다루는데 그때 환경이나 입장에 따라 치우치거나 혼동되지 말고 하나님을 두려워하는 가운데 '예/아니오'를 분명히 해야 하는 것입니다.

우리는 하나님의 자녀입니다.

그러므로 몸과 마음과 언어가 거룩하게 유지되고 표현되도록 노력해야 될 것입니다.

· 나는 거룩하게 보존되어 왔는가? 의의 병기로 사용되었는가? 반성해야 합니다.

사랑의 복음

마 5:38-48

율법의 정신도, 팔복의 핵심도, 성경의 핵심도, 하나님의 속성도, 예수님의 삶의 내용도 사랑이십니다.

복음의 내용은 사랑입니다.

예수님은 형제 사랑에서 출발하여 원수까지도 사랑할 것을 말씀하셨습니다.

예수님은 가르치기만 하신 분이 아니라 실천자이십니다.

사랑의 대상은 제한된 것이 아니라 무제한입니다.

유대 민족은 사랑의 대상을 유대 민족들에게 국한시켰으나 주님은 원수까지도 사랑하라고 하셨습니다.

교회에도 악한 자가 있고, 인격적으로 모욕과 수치를 당하는 것이 마땅한 자도 있습니다. 그러나 예수님은 그들도 변함없이 사랑할 것을 요구하십니다.

· 나는 사랑의 사람인가?
· 시기와 미움에 숙달되어 있지는 않은가?
　이 시간 우리의 삶과 모습을 생각해 봅시다.
· 나는 얼마나 사랑을 실천하며 살아가고 있는가?

하나님 중심의 신앙생활

마 6:1-8

바리새인과 서기관들의 전통적인 신앙생활은 하나님 중심이 아닌 사람 중심의 생활이었습니다.

그들은 가난한 사람들에게 구제하는 것을 최고의 의로 생각했습니다. 그래서 회당과 거리에서 나팔을 불어 알리고 가난한 자들에게 양식을 나누어 주었습니다. 뿐만 아니라 그 당시 유대인들은 하루에 세 번씩 정한 시간에 기도했습니다.

외출 중에는 길에서도 기도했습니다.

오늘 본문의 내용은 구제가 잘못되었고 하지 말라는 말도 아니고, 기도가 나쁘다고 하지 말라는 말도 아닙니다.

구제도 해야 하고, 기도도 하루 세 번만이 아니라 언제나 해야 한다는 말입니다. 그러나 여기에서 강조하는 것은 모두 하나님 중심으로 하라는 것입니다.

사람 중심으로 하지 말고, 하나님 중심으로 해야 될 것을 강조하고 있습니다.

· 나는 하나님 중심의 생활을 하고 있는가?
· 하나님 중심의 기도생활과 신앙생활인가?
· 인간 중심인가? 외식 중심인가?

주님이 가르쳐 주신 기도

마6:9-15

신앙생활은 바로 기도생활입니다.

기도 생활 없이 신앙생활은 불가능 합니다.

주님은 기도의 자세를 가르치시고 이어 기도의 내용도 가르치셨습니다.

여기에서 언급하고 지나갈 것은 주님이 가르치신 기도가 모임이 끝날 때 형식적으로 암송하기 위한 기도문은 아닙니다.

기도의 원리, 즉 대상과 예수 그리스도의 이름으로 드리는 기도는 주문도, 뜻없는 중얼거림도 아닙니다.

기도는 확실하게 하나님께 드리는 것입니다.

그러므로 믿음으로 드려야 합니다. 하나님과 더욱더 친밀해져야 합니다.

기도는 먼저 하나님의 이름이 거룩히 여김을 받도록 소원해야 됩니다. 하나님의 이름이 내 삶을 통해 거룩히 드러나야 되지 영광을 가리우면 안됩니다.

육신을 위한 기도도 해야 합니다. 그리고 일용할 양식을 구하는 기도도 해야 합니다. 즉 욕심의 기도가 아닌 필요의 기도를 해야 하는 것입니다.

기도는 욕심을 채우는 것이 아니라 필요를 들어 주시는 것입니다.

· 우리는 어떤 기도를 드립니까?

· 가장 중요한 것은 하나님을 믿는 것입니다.

· 나를 통해 하나님의 이름이 거룩하게 드러나고 있습니까?

신앙생활에 외식은 금물이다

마 6:16-24

하나님 중심으로 신앙생활을 하고 외식으로 하지 말 것을 계속 강조합니다.

너무나 오랫동안 외식에 길들여져 온 생활이기에 모든 면에서 외식을 경고하는 것인줄 압니다.

기도나 구제 또는 금식기도를 외식적으로 사람에게 보일려고 하지 말아야 합니다.

하나님 아버지께 보일려고 해야 합니다.

신앙생활은 땅보다 하늘, 현실보다 내세, 인간보다 하나님입니다.

물질 제일주의로 살면서 신앙생활하거나 우상을 섬기면서 신앙생활을 한다면 그것은 두 주인을 섬기는 것입니다. 그러므로 늘 중심을 하나님께 두고 살아야 합니다.

바리새인들은 한 주에 두 번 금식했으나, 그들은 물질주의였고 또 부자들이었습니다. 그러므로 예수님은 부자들이 천국에 들어가기가 힘들다고 했는데, 그 당시 부자들은 정당한 부자들이 아니었기 때문입니다.

· 나는 하나님 중심의 신앙생활을 합니까?
· 외식에 길들여져 있는 생활은 아닙니까?
· 외식은 회개하고 하나님 중심으로 신앙생활을 합시다!

성도의 우선순위

마 6:25-34

사람이 산다는 것은 염려의 연속입니다.

그런데 예수님은 염려하지 말라고 하셨습니다. 주로 의식주 문제로 염려하지 말라고 하셨습니다. 사실 염려의 효력은 전혀 없습니다. 그래서 기도하라고 하셨습니다.

기도를 하는데 염려되는 문제를 기도하라고 하기보다는 먼저 그의 나라와 그의 의를 구하라고 하셨습니다. 그리하면 염려의 문제는 다 해결된다는 논리입니다.

먼저 그 나라와 그의 의는 무엇을 의미합니까?

1. 하나님 영광입니다.
2. 영혼 구원을 위한 복음 전도입니다.
3. 성령의 감동과 인도입니다.
4. 영적인 것입니다.

하나님은 우선순위를 중요시 합니다.

육적인 염려대신 하나님의 영광을 먼저 생각하고 기도해야 할 것입니다.

· 나는 무엇을 중요시 합니까?
· 이 모든 것 속에는 무엇이 포함되겠습니까?

신자와 인간관계

마 7:1-12

신자라고 해서 하나님만 만나고, 사람은 상대도 하지 말라는 생활이 아닙니다.

6장 마지막 부분에는 의식주 문제에 대해 교훈하신 예수님은 7장에 와서는 인간관계에 대해 교훈하셨습니다.

신자들은 남을 함부로 판단해서는 안됩니다.

남을 비판하고 판단하기보다는 남을 대접하는데 신경을 써야 되는 것입니다.

신자는 하나님께 기도하는 생활과 남을 살피기보다 자신을 살피는 생활을 해야 하는 것입니다.

많은 사람들이 자신을 살피는 데는 둔하고, 남을 살피고 남의 잘못을 찾아 내는 데는 명석한 두뇌를 가지고 있습니다.

성도는 스스로 의롭다고 생각하는 존재가 아닙니다. 하나님께 기도하여 좋은 것을 받아야 됩니다. 가장 좋은 것은 성령 충만입니다.

성령 충만은 영혼 구원과 베푸는 삶을 살도록 인도합니다.

· 나는 남에게 대접하는 것을 좋아합니까? 비판하기를 좋아합니까?
· 나는 하나님을 아버지로 믿고 기도합니까?

천국에 들어갈 자와 그렇지 못한 자

마 7:13-29

예수님의 산상수훈의 결론은 결국 천국갈 자와 지옥갈 자로 나누어
진다는 내용입니다. 최종적인 평가와 심판은 하나님이 하십니다.

하나님 중심, 진실된 신앙생활은 철저한 희생과 자기부인을 요구합
니다. 많은 일을 하는 것보다도 주님의 영광을 위하여 하는 것이 더
중요합니다.

하나님 중심의 신앙생활은 열매가 있는 삶입니다.

가장 지혜로운 자는 말씀 위에 신앙생활을 하는 것입니다. 말씀 중
심의 신앙은 흔들리지 아니합니다. 이 땅 위에는 언제든지 두 부류의
신자가 함께 존재하지만 심판의 주인되시는 주님이 오시는 날에는 착
오나 차질도 없이 분류될 것 입니다.

넓은 길, 많은 사람이 가는 길과 모래 위에 세운 것, 쉽게 세운 집에
는 항상 함정이 있다는 사실을 알아야 합니다. 진리는 하나요 가짜와
비진리는 여럿일 수가 많습니다.

· 나는 쉽고 많은 사람이 택하는 쪽으로 기울어지지는 않았습니까?
· 나는 좋은 열매를 맺는 좋은 나무입니까? 나쁜 열매를 맺는 나쁜
  열매입니까?

네 믿음대로 될지니라

마 8:1-13

본문은 한 한센씨병자가 예수님께 나아와 호소하여 깨끗함을 받은 사실과 백부장의 하인이 중풍병으로 고생했는데 백부장의 믿음으로 하인이 고침받는 치유의 기적입니다.

예수님은 능력과 권세가 있는 분이십니다.

마태복음 5~7장은 산에서 제자들과 무리들에게 팔복과 여러 가지 교훈을 하신 내용입니다. 그리고 8장에는 산에서 내려오셔서 행하신 기적입니다. 예수님이 병자를 고치실 때 도움을 청하는 자에게 기꺼이 도와 주셨습니다. 그리고 믿음으로 그에게 도움을 요청할 때 들어주셨습니다. 예수님은 병자를 고치실 때 말씀으로 고치셨습니다. 세상을 말씀으로 창조하신 것처럼 예수님의 입에서 떨어지는 말씀은 그대로 되는 능력이 있었습니다.

그런데 여기에서 한 가지 주의해야 될 것은 구원은 각자의 믿음으로 구원받지만 병은 다른 사람의 믿음으로도 치유된다는 사실입니다. 백부장의 믿음 때문에 백부장의 하인이 고침을 받았습니다.

· 나는 무엇을 원하고 있습니까?
· 그리고 누구에게 요청하고 있습니까?
· 나는 믿음이 있습니까?
· 나는 다른 사람의 형편을 위해 내 믿음이 요청되고 있습니까?

너는 나를 좇으라

마 8:14-27

예수님은 베드로의 장모의 열병을 고치셨습니다. 그리고 많은 무리들 중에 예수를 좇겠다고 하는 자들이 있었습니다.

그럴 때 예수님 자신은 일정한 장막이 없고 계속적으로 여기저기로 다녀야 하는 유람생활임을 말씀하셨습니다. 주님은 복음을 위해 계속적으로 다니셨습니다. 예수님이 건너편 언덕으로 가기 위해 배에 오르셨을 때 제자들도 따라 탔습니다. 설상가상으로 배가 풍랑을 만나 침몰의 위험이 있었습니다. 예수님께서 바람과 바다에게 호령을 하니 아주 잔잔해졌습니다.

예수를 따르던 자들에게 바다의 풍랑의 위험이 있었으나 그것 때문에 제자들의 믿음이 자라게 된 줄 믿습니다.

우리는 예수님을 좇는 것이 무엇보다 우선되어야 합니다. 그렇다고 해서 가족을 등한시하라는 의미는 아닙니다. 예수님은 베드로의 장모의 열병을 고쳐주셨습니다. 주님을 우선으로 할 때 인간이 할 수 없는 것은 주님이 책임져 주십니다.

· 나는 여러 가지 육신적인 문제 때문에 주님을 따르지 못하고 있지는 않습니까?
· 주님을 따를 때 주님이 모든 것을 다 해결해 주심을 체험했습니까?

귀신이 가장 무서워하는 예수

마 8:28-34

예수님께서 바다(호수)의 풍랑을 잠잠케 하시고 또 귀신의 떼들을 쫓아내셨습니다. 예수님은 창조주의 능력과 영적인 권세가 충만하신 분이십니다.

귀신들은 예수님이 오실 때 제일 괴로워합니다. 귀신을 괴롭게 해야 자리를 뜨고 도망가지 귀신의 활동을 마음대로 하도록 두면 안됩니다. 귀신은 어떤 잘못된 사람들의 주장처럼 죽은 자의 영혼이 아닙니다. 귀신들은 타락한 천사들입니다. 그러므로 그들의 활동은 제한되어 있고 심판 때에 무저갱에 갇히게 되면 더 이상 세상을 유혹하지 못합니다.

예수님이 돼지떼에 들어가도록 허락하신 것은 제자들에게 귀신의 파괴력과 그 수효를 보여 주기 위함이었다고 해석합니다.

또한 예수님은 재산보다, 물질보다, 가축보다 한 사람의 생명을 더 소중히 여기신다는 사실을 보여 주셨습니다.

그러나 그 지방 사람들은 그렇게 큰 능력을 보고도 또 물질적 손해 때문에 예수님을 영접하지 않았습니다. 사람이 욕심과 물질에 눈이 어두우면 좀처럼 신앙이 잘 생기지 않습니다.

· 우리는 예수님을 어떤 예수님으로 믿습니까?
· 나는 한 생명의 구원을 위해 얼마나 희생합니까?

사죄와 치유의 역사

마 9:1-8

예수님께서 사람의 죄 문제를 직접 언급하시면서 중풍병자를 고치셨습니다.

사실 예수님의 오심은 죄에서 구원하시기 위해서입니다. 근본적으로 따지면 죄 문제가 해결되면 다 되는 것입니다.

가난과 질병, 모두 죄에서 기인된 것이 사실입니다.

에덴 동산에나 천국에는 가난이나 질병이 없습니다.

본문에 중풍병자를 고치실 때도 중풍병자를 데리고 온 친구들의 믿음을 보셨습니다. 믿음이 구원의 조건임과 동시에, 즉 믿음이 죄에서 구원받게 하고, 병에서 치유받게 하고, 가난에서 해방되게 합니다. 예수님은 병만 고칠 수 있는 분이 아니라 죄를 사할 권세가 있는 분이심을 드러내셨습니다.

그것은 예수님이 하나님이심을 선포하신 것입니다.

죄는 하나님과의 관계에서 인간이 저지른 불순종으로 생겨난 것입니다.

그러므로 하나님만이 죄를 벌하시든지, 용서하시든지 하실 수 있습니다. 우리의 마음과 육체를 병들게 하는 것은 바로 죄입니다. 모든 병이 죄에 근거하지는 않지만 시초는 인류 시조의 범죄에서 병이 들어오게 된 것입니다. 그러므로 죄를 회개하고 해결받을 때, 경우에 따라서는 육체의 질병도 치유해 주시는 것입니다.

· 우리는 회개로 말미암아 주어지는 은총과 응답과 축복을 체험하는 것을 알고 있습니까?
· 모든 은혜와 축복이 회개의 과정을 통해 온다는 사실을 알고 있습

니까?
· 우리는 중풍병자의 친구들과 같은 좋은 친구들이 주위에 있음을 알고 계십니까?

예수님이 오신 목적

마 9:9-17

예수께서 중풍병자의 죄를 공개적으로 사하시고, 이번에는 다시 유대인들에게 죄인 취급받던 세금 징수원 마태를 제자로 부르신 사건이 기록되어 있습니다.

예수님은 죄인을 불러 구원시키려 오셨다는 사실을 선포하셨습니다. 그 당시 세금 징수원들은 로마 정부를 위해 일하는 공무원들 이었기에 민족주의자들의 미움의 대상이었습니다.

뿐만 아니라 세금의 일부를 자신의 것으로 챙기는 일을 상습적으로 해왔기에 아예 부정 공무원, 죄인으로 낙인을 찍었던 것입니다.

그래서 창녀와 같은 신분으로 취급하기까지 했습니다. 그런 마태를 예수님이 부르셔서 식사까지 같이 하시고 제자로 삼으셨습니다. 유대인이면서 자신의 제자로 삼으시고 천국 일꾼으로 삼으셨습니다.

이것은 예수님이 용서 못할 죄인은 없으며 누구든지 부름받으면 주님의 제자가 될 수 있다는 진리를 나타내고 있습니다. 사실 이 세상에는 의인이 없습니다.

다만 죄인임을 깨닫는 의인이 있고, 자기를 의인으로 생각하는 죄인이 있을 따름입니다.

예수님은 교만한 자를 쓰시지 않습니다. 사도 바울도 부름을 받고 깨달은 것은 자기가 죄인 중에 죄인, 괴수임을 깨달았습니다. 우리는 오로지 순종과 감사만 있어야 합니다.

· 나는 주님 앞에 부름받은 죄인이라는 사실에 대해 감격해 왔습니까?

· 교만 때문에 은혜를 받지 못하고 있지는 않습니까?

일꾼을 위해 기도해야 한다

마 9:27-38

예수님의 사역은 계속됩니다.

가르치는 사역, 여러 병자를 고치는 일, 복음 증거하는 일이었습니다.

그런데 이런 사역은 예수님 혼자서 하실 사역이 아니라 그의 제자들과 교회가 주님 오시는 날까지 계속해야 합니다.

예수님의 사역이 계속되는 데는 일꾼이 필요합니다.

우리가 기도해야 하는 기도의 제목 중에 일꾼을 위해 기도하는 것이 중요합니다.

일꾼이 없어지면 교회도 없어지고, 교회가 없어지면 교인도 없어지고 복음의 역사도 줄어들게 됩니다.

추수할 것은 많다고 하셨습니다. 다만 일꾼이 적다고 하셨습니다. 바른 일꾼, 바른 제자, 바른 지도자만 있으면 교회는 날마다 성장하게 되고 복음 사역은 중단되지 않을 것입니다.

여러분들은 일꾼들을 위해 얼마나 기도합니까?

좋은 일꾼이 되기 위해 기도하고, 또 보내 달라고 기도해야 합니다.

· 나는 좋은 일꾼입니까?

파송되는 일꾼들

마 10:1-15

일꾼을 보내 달라고 기도하라고 하신 주님은 12제자를 부르셔서 일꾼으로 양육하여 파송했습니다.

예수님은 일꾼들을 파송하면서 사역에 필요한 능력을 주셨습니다. 그러나 일꾼들이 가진 능력은 자신들이 개발한 것이 아니라 예수님께서 주신 것입니다.

일차적으로 유대인에게 먼저 복음을 전하라고 하셨습니다.

이것은 천국 복음이 일차적으로 옛 언약의 백성인 유대인들에게 우선으로 했던 것입니다. 그리고 복음 전하는 자는 전적으로 주님께 맡기고 나아갈 것을 말씀하셨습니다. 우리가 주님께 부름받아 주의 일을 할 때는 모두가 주님이 책임져 주신다는 사실을 믿고 각오해야 하는 것입니다.

복음 전하는 일꾼들은 복음을 전할 때 현실적인 문제를 외면하지 말아야 합니다. 불신자에게는 영적인 세계가 이해되지 않기 때문에 보이는 것으로 보이지 않는 세계를 안내하고 설명해야 하는 것입니다.

사랑하는 성도 여러분! 우리는 주님께 부름받은 일꾼이라는 사실을 아십니까? 그리고 이미 주님의 약속의 권세가 주어져 있다는 사실을 아십니까?

그대로 믿고 실천만 하면 된다는 사실을 명심해야 합니다.

실제 전도훈련

마 10:16-23

예수님께서 제자들에게 실제 전도훈련을 시키기 위해 보내셨습니다. 그러면서 하시는 말씀이 이리 가운데 보내는 양들 같다고 하셨습니다. 이것은 전도 중에 일어날 위험과 험난한 장래를 예고하신 것입니다.

전도는 생명을 구원하는 행위입니다. 쉬운 일은 결코 아닙니다. 그러나 위험을 무릅쓰고 해야 합니다.

영적인 싸움입니다. 이리에게 양이 이길 수 없습니다. 그러나 믿고 나아갈 때 성령님이 도와주셔서 승리를 체험케 하십니다. 전도 중에 동족들에게 미움을 받고 배척당하고, 총독들과 이방인들에게 신문을 당하게 하심으로 사방으로 흩어져서 이방인들에게 전도할 기회를 주시는 것입니다.

주님은 위험훈련을 시키므로 위기에서 지혜롭게 피하고, 세상 방법이 아닌 성령으로 도우심을 체험토록 하신 것입니다.

실제 전도 중에 어떤 어려움이 있더라도 중단하지 말고 지혜롭게 피하면서 계속할 것을 말씀하셨습니다.

우리는 복음 때문에 가장 가까운 사람들, 동족들, 세상 사람들에게 받는 핍박을 예상해야 합니다.

반면 내가 지혜롭지 못하고, 나의 잘못된 성격과 행동 때문에 비난받아서는 안되는 것입니다.

우리는 불필요한 충돌은 피해야 합니다.

그리고 영적으로 담대한 훈련을 해야 합니다.

주여, 내게도 용기와 담력을 주옵소서! 지혜를 주옵소서!

주님을 따르는 자의 각오

마 10:34-42

예수님은 복음사역을 위해 자기를 따르는 자들이 가져야 할 각오와 태도에 대해 말씀하셨습니다.

복음은 결코 불의와 우상과 일치되거나 화합될 수 없다는 것을 먼저 말씀하셨습니다. 빛과 어두움은 하나될 수 없습니다. 빛이오면 어두움은 물러가야 합니다. 성령의 역사와 악령의 역사는 협력관계가 아닙니다.

대조적인 삶이요 역사입니다.

주님을 따르는 자들은 극단적인 각오가 요구됩니다.

죽음이 두려워 신앙을 포기하거나 사명을 외면해서는 안된다는 것입니다. 기독교의 진리는 역설적입니다. 죽음을 각오한 곳에 생명의 역사가 있고, 희생 없이는 열매가 없는 것입니다. 전통적인 우상과 미신의 풍조 속에 복음이 들어갈 때 조상 섬기는 문제, 상속 문제, 부모 부양, 혼인 문제로 고통을 겪게 됩니다.

위로하고 기도해 주어야 할 것입니다.

주님의 제자들은 죽음을 선고받은 자의 마음가짐으로 주님을 따라 살아야 합니다. 그리고 주님의 제자들에게 잘 협력하고 도와 주어야 할 것을 말씀하셨습니다.

· 나는 어떤 각오로 주님을 따르고 있습니까?

예수님을 영접치 않는 시대

마 11:1-19

세례 요한은 예수님을 메시아로 소개하는 전령으로 큰 역할을 했습니다. 그러나 그는 지금까지 유대인들이 기대하는 전통적인 메시아관을 완전히 벗어나지는 못했습니다. 그래서 그는 메시아가 오시면 현재 부패한 종교나 정치의 질서를 강력하게 심판하시는 메시아의 역할을 기대했던 것으로 보입니다. 그래서 그가 억울하게 옥에 갇히자 그의 제자들을 보내어 예수님께 물었습니다.

오실 메시아가 당신이십니까? 우리가 다른 사람을 기다려야 됩니까? 그때 예수님은 세례 요한의 제자들에게 너희들이 보고 들은 대로 전하라고 하셨던 것입니다.

예수님은 자신이 메시아의 권능으로 복음을 전하고 병자를 고친다고 말씀하셨습니다. 그러니까 예수님은 내가 바로 메시아라고 단도직입적으로 전하지 않고 그의 사역을 통해 깨닫도록 했던 것입니다.

예수님은 세례 요한을 가장 위대한 자로 칭찬 하셨습니다. 메시야의 전령으로 사역을 하다가 순교하게 된 것에 대한 예수님의 관점이기도 합니다.

세례 요한과 예수님의 오심으로 말미암아 유대인의 기존 종교와 정치체제와의 충돌과 마찰은 어쩔 수 없는 일이었습니다.

그리스도와 벨리알이 합할 수 없듯이 죽은 종교나 인간적인 체제와 생명의 복음과는 일치가 불가능한 것입니다.

마음이 쉼을 얻는 비결

마 11:20-30

예수님은 죄인을 회개시켜 구원시키려고 오셨습니다.

병고침과 가르치심 모두 복음을 받아들이게 하는데 목적이었습니다.

예수님께서 병고치는 역사나 기적을 행하셨는데도 회개의 역사는 일어나지 않는 완악한 사람들이나, 고을에는 심한 책망과 경고, 그리고 심판을 예고하셨습니다.

고라신, 벳새다, 가버나움 등의 성읍들은 예수님 사역의 중심 무대였던 갈릴리 호수 근처에 있는 도시요 마을들입니다.

진리의 복음은 순진한 사람들에게는 쉽게 받아들여지지만 완악하고 교만한 심령에는 쉽게 복음이 들어가지 못한다는 사실을 보여 주고 있습니다.

예수님은 수고하고 무거운 짐진 자들이 와서 세상의 짐을 벗어 놓고 예수님의 마음을 닮고, 주님이 주시는 멍에를 메고 배우기를 원하십니다. 그리할 때 마음에 평강과 쉼이 있을 것이라고 말씀하셨습니다.

예수 그리스도의 복음은 육체적으로 게으름뱅이를 만드는 것이 아니라 마음의 평강과 기쁨을 누리게 하는 것입니다. 우리는 지금까지 짓눌려 있던 짐을 주님께 맡기고 주님이 주시는 멍에와 주님의 교훈을 배우지 아니하시렵니까? 그럴 때 그리스도의 평강이 넘칠 줄 믿습니다.

안식일의 주인이신 예수님

마 12:1-13

유대인들은 철저히 할례를 시행하고 안식일을 지켰습니다. 그러나 시간이 흐름에 따라 안식일에 대한 율법의 정신은 사라지고, 인간의 규례만이 계속 덧붙여져서 오히려 무거운 짐이 되었습니다.

그것은 하나의 낡은 가죽 부대와 같았습니다.

예수님은 안식일의 본래 정신에 대해 강조하시면서 자신이 안식일의 주인이심을 강조합니다.

주인되시는 주님이 안식일을 어떻게 지켜야 할 것을 보이신 것입니다.

성전 안에서 안식일에 일하는 것은 죄가 아니며 안식일을 범한 것도 물론 아닙니다. 그리고 생명을 살리는 일은 안식일에도 해야할 일입니다. 영혼을 구원하는 일은 안식일에 가장 적합한 선행입니다.

오늘날 안식일을 주일로 지키는 것은 안식일의 주인이 바로 안식일에 죽으셨다가 주일에 부활하셨기에 주일을 안식일로 지키는 것은 너무나 당연한 일입니다.

오늘 우리는 주일에는 아무일도 안하는 것이 주일 성수의 능사도 아니며 반면 주일에 너무 무리하게 선을 행하다가 영혼과 육체의 휴식을 조금도 누리지 못하는 경우도 있습니다. 우리는 안식일의 주인되시는 주님의 교훈을 따라 안식일을 성수 주일로 지켜야 할 것입니다.

예수님의 겸손과 자비

마 12:14-21

바리새인들은 외식과 교만이 체질화 된 죽은 종교인들입니다.

그들의 가슴은 시기와 미움으로 가득 채워져 있었습니다. 결국 그 미움과 시기가 "예수를 어떻게 죽일까?" 하고 연구하기에까지 이르렀습니다.

예수님은 바리새인의 음모를 아시고 타협하시지 않았습니다. 그러나 직접적인 충돌은 피하셨습니다. 그러면서도 예수님의 자비의 사역은 계속되고 있었습니다. 예수님은 겸손하셔서 세상의 정복자들처럼 요란하게 사역하지 아니하셨습니다.

조용하게 일하셨습니다. 그렇기 때문에 오히려 멸시 당하고 무시당하시게 된 것입니다. 우리는 예수님의 겸손과 자비의 사역을 배워야 할 것입니다. 자기를 드러내고 거드름을 피우며 붐을 조성하려고 하는 식의 역할은 소금의 역할은 아닙니다.

우리는 복음을 증거하고 그리스도의 자비를 전하는 일보다 자신을 드러내는 일에 더 열중하고 있지는 않습니까?

주님은 상한 갈대도 꺾지 않으시고 참고 기다리십니다. "주님, 저들에게도 주님의 자비의 심장을 주시옵소서."

예수님에 대한 상반된 평가

마 12:22-32

예수님께서 귀신이 들려 눈 멀고 벙어리된 자를 고쳐 주셨습니다. 청중들은 다 놀랐습니다. 그런데 이런 기적을 보고도 어떤 이들은 귀신의 왕 바알세불을 힘입어 귀신을 쫓아낸다고 하고, 다른 부류의 사람들은 다윗의 자손이라고 했습니다(마 9:27, 9:34).

예수님이 병자를 고쳐 주신 것은 단순한 치유가 아닙니다. 구세주로서의 능력을 나타내신 것입니다. 이것을 부인하고 거절하는 것은 하나님의 나라를 방해하는 사단의 일입니다. 예수님께서 영적으로, 육적으로 망가진 사람을 고치셨습니다. 그러나 청중들 중에는 귀신의 왕 바알세불의 능력으로 고치는 줄 알았다는 것입니다.

예수님의 대답은 귀신이 어떻게 귀신을 쫓아낼 수 있겠느냐는 의미의 말씀으로 대답하셨습니다. 예수님이 귀신을 쫓아내신 것은 사단을 결박하셨다는 증거입니다. 그를 무장 해제시키고 활동영역을 제한하셨던 것입니다.

우리가 하나님의 통치권 아래 있으면 사단과 귀신의 활동을 두려워할 필요가 없습니다. 그런데 우리가 25~26절의 예수님의 비유적인 대답으로 통해 반성할 것이 있습니다. 그것은 사단의 조직도 분열하지 않는데 교회는 너무나 쉽게 분열되고 분쟁이 일어나는 일에 반성하고 회개해야 합니다.

· 주님의 뜻보다도 자신의 이익과 욕심, 명예를 중요시 하므로 주님의 교회를 분열시키고 있지는 않습니까?

· 우리는 반성해야 합니다. 우리는 예수님을 구주로 믿고 있습니까?

요나의 표적을 구하는 시대

마 12:33-42

시대가 악할수록 잘 믿지 아니합니다.

사람들은 그 열매로 나무를 압니다.

아무리 선한 척하고 잘 믿는 척해도 열매가 없으면 외식이요 참 믿음이 아닙니다.

사람의 모든 행위는 마음에서 나오는 것입니다.

마음이 선하면 말도 선하고, 행위도 선합니다.

마음이 선하지 아니하면 그 언어나 행위도 선할 수가 없습니다.

여기 '독사의 자식들' 이란 말은 좋지 못한 것을 배운 자들이요, 속에 든 것 즉, 독이 가득한 것을 의미합니다. 성도는 독이 있으면 안됩니다.

성도가 믿음이 없으면 우리의 눈과 귀는 들어도 기적에도 만족이 없습니다. 더 큰 표적을 요구합니다. 요나의 표적은 죽었다가 다시 산 표적입니다.

악한 시대에는 희생하는 표적, 죽는 표적밖에 보일 것이 없습니다. 예수님은 요나보다, 솔로몬보다 더 크신 분이십니다.

이방 사람들도 요나의 전도를 받고 회개했습니다. 주님의 말씀을 믿지 아니하는 자는 이방인보다 못한 자입니다.

· 나는 열매가 있습니까?
· 나는 진실된 믿음의 소유자입니까?

예수님의 가족

마 12:43-50

예수님의 가족은 육신의 혈연적 관계가 아닙니다.

영적인 관계입니다. 하나님의 통치에 대하여 믿음으로 따르고 순종하는 영적인 형제입니다.

그리고 특히 예수 그리스도의 피를 나눈 영적인 형제들입니다.

예수님의 가족은 모두 하나님의 뜻대로 살게 됩니다.

하나님의 뜻은 우리가 구원받는 것이요 구원의 복음을 땅끝까지 증거하는 것입니다. 뿐만 아니라 기도생활, 찬송생활, 기쁘게 사는 것, 특히 감사하면서 사는 것입니다. 그것이 하나님의 뜻입니다.

우리는 하나님의 뜻에 맞추는가? 아니면 자신의 뜻에 맞추는가?

천국은 찬송과 감사와 영광이 충만한 곳입니다.

주님의 가족은 주님을 닮아야 한다.

주님은 부지런하셨습니다.

주님은 인내하셨습니다.

주님은 감사하셨습니다.

주님은 기도하셨습니다.

주님은 사랑하셨습니다.

주님은 희생하셨습니다.

· 최고의 영광은 예수님의 가족이 되는 것입니다.

씨를 뿌리는 자와 밭

마 13:1-23

씨뿌리는 비유에서 씨는 복음이며, 밭은 복음을 받는 사람들의 마음을 의미합니다.

뿌리는 자는 전도자입니다. 길 밭은 듣고도 깨닫지 못하는 마음이요 돌밭은 인내가 없는 마음입니다.

가시떨기 밭은 세속적인 신앙의 상태입니다.

좋은 땅은 올바른 신앙자를 의미합니다.

그런데 여기 씨뿌리는 자는 옥토만 골라서 뿌리지는 않았다는 사실입니다. 뿌림의 차이가 아니라 받아들임의 차이입니다.

우리는 하나님의 말씀을 듣고, 깨닫고, 의심없이 받아들일 때 열매를 맺게 됩니다. 많은 사람들이 신앙 때문에 어려움이 생기면 포기합니다. 그리고 세상적인 것의 손해가 오면 신앙을 포기하기도 합니다.

좋은 땅은 회개하는 마음입니다.

좋은 땅은 온유하고 겸손한 마음입니다.

좋은 땅은 순종하는 마음과 감사하는 마음입니다.

문제는 마음 밭이 좋아야 됩니다.

복음의 차이가 아니라 마음 밭의 차이를 강조하는 것을 우리는 깨달아야 됩니다. 나의 마음 밭은 어떠한가?

몰래 뿌리는 곡식 밭의 가라지

마 13:24-30

예수님의 비유 중에서 이 땅에는 복음의 역사만 있는 것이 아니라, 가라지를 뿌리는 역사도 있음을 설명하셨습니다. 가라지는 곡식의 성장을 방해합니다. 마찬가지로 사단의 역사는 계속 믿음의 성장을 방해하고 있는 것입니다.

복음을 이용하는 사이비는 가라지와 같습니다.

비슷한 것 같지만 열매가 다른 것은 바로 가라지와 같은 것입니다. 그런데 종들이 가라지를 뽑으려고 할 때 "가만 두어라. 주인이 해결하겠다고 하였으니 가라지는 곡식과 함께 자라지만 주인이 가만 두어라."고 했습니다. 이것은 심판 때 뽑아내고 구별하기 위해서입니다.

예수님은 천국비유에서 곡식과 가라지와의 구별의 진리를 먼저 우리에게 가르치고 있습니다.

가라지를 뿌리는 자와 복음을 뿌리는 자는 이 세상에 언제나 있습니다.

그러나 복음을 뿌리는 자는 하나님 앞에서 생명의 면류관을 얻지만 가라지를 뿌린 자는 엄청난 심판을 면하지 못할 것입니다.

몰래 전화하고, 몰래 만나는 것은 일종의 그의 마음에 가라지를 달고 있어 여러 곳에 뿌리는 것과 같습니다.

우리 모두 가라지를 조심합시다.

천국에 대한 비유

마 13:24-43

예수님께서는 복음을 받아들이는 자는 이미 천국의 백성이 된 것이라고 말씀하십니다.

복음은 겨자씨처럼 자라고 확장되며 누룩처럼 퍼져 나가게 된다는 사실을 말합니다. 그런데 천국은 밭에 감추인 보화같고, 값진 진주 같은데 그것을 모르는 자에게는 감추어져 있고, 깨달은 자는 그 가치의 즐거움이 있게 되는 것을 교훈하셨습니다. 복음은 능력이며 생명이며 새로운 피조물로 변화시킵니다. 44~46절에 보면 발견했다는 말과 만났다는 말로 표현됩니다. 그리고 그 결과가 기쁘니 그 기쁨으로 자기의 소유를 다 팔아 산 결과를 말하고 있습니다.

천국은 세상의 그 어떤 것과 비교가 되지 아니합니다. 그 어떤 것과도 바꿀 수 없습니다. 그런데 많은 사람들이 천국의 가치를 발견하지 못하고 삽니다. 그래서 자신의 취미생활이나 세상의 것 때문에 천국을 포기하는 어리석음을 많이 범하고 있습니다.

· 나는 천국의 가치를 깨닫고 있습니까?
· 나는 천국을 소유한 기쁨이 있습니까?

예수를 배척한 고향 사람들

마 13:51-58

예수님께서 천국에 대한 여러 가지 비유가 끝나고 고향으로 가셔서 회당에서 가르치셨습니다. 듣는 사람들이 다 놀랐습니다.

이 사람이 이런 지혜와 능력이 어디서 났느뇨 했습니다.

그러나 명심할 것은 놀라는 것과 은혜 받는 것은 다릅니다. 은혜를 받아야 믿음이 생기지 놀라는 것으로 믿음이 생기는 것은 아닙니다.

예수님은 믿음이 없는 지역에서는 많이 일하실 수 없었습니다. 그래서 이내 고향을 떠났습니다. 오래 머물면서 복음을 증거해야 할 필요성을 느끼지 않으셨습니다.

예수님이 자라신 고향인 나사렛 사람들은 예수님을 구주로 믿지 않았습니다.

요셉의 아들로 알았습니다.

선입관은 신앙의 엄청난 방해물입니다.

57절에 배척했다는 말과 58절에 믿지 않았다는 말은 서로 연결되는 내용입니다.

믿음이 없이는 하나님을 기쁘시게 하실 수 없습니다. 육신적으로 아는 것이 신앙생활에 방해가 되어서는 안될 것입니다.

· 나는 어떠합니까?
· 믿음으로 예수님을 영접합니까? 놀라기만 합니까?

참 선지자의 길

마 14:1-12

선지자는 하나님이 보내신 전령입니다.

그러므로 하나님의 말씀을 그대로 전달해야 합니다. 하나님의 말씀을 감하거나 추가해서도 안됩니다. 그러므로 누구보다 정직해야 합니다.

선지자는 죄를 덮어 주는 자가 아니라 해결해 주는 자입니다. 해결하기 위해서는 죄를 지적해야 하고, 그래서 회개하도록 해야 할 것입니다.

선지자는 소망의 메시지가 있어야 합니다.

현실의 고난을 소망으로 참고 승리하는 것입니다.

선지자는 죽음을 각오해야 합니다.

불신자들은 자신의 죄를 드러내는 것을 제일 싫어합니다.

헤로디아는 자신의 치부를 들추어 공박한 세례 요한을 침몰시키고 보복하기 위해 딸을 이용했습니다.

사실 죄를 지적해 주는 자에게 가장 감사해야 합니다.

왜냐하면 죄의 결과는 너무나 엄청나기 때문입니다.

· 세례 요한과 같은 선지자가 많이 일어나게 해야 합니다.
· 이 강산에 회개 운동이 일어나게 하소서!

육신도 귀중히 여기시는 예수님

마 14:13-21

예수님을 좇는 무리들은 영적으로, 육적으로 굶주린 무리들이었습니다. 삼일 동안 생명의 말씀으로 채워 주시고 시장한 무리들에게 기적을 베풀어 육신의 배고픔을 넉넉하게 채워 주셨습니다.

우리가 영혼보다 육신을 더 중히 여기거나 육신의 종노릇 해서는 안되지만 육신을 무시해서는 안되는 것입니다. 육신은 이 땅에 머무는 동안 영혼의 집입니다.

육신을 천시하거나 무관심하게 생각하는 것은 잘못된 사상입니다 (육을 먼저-영을 불어넣음).

육신이 영을 좇을 때 무한한 가치가 있는 것입니다.

생명의 양식인 영의 양식을 먹이신 예수님은 육신의 양식도 먹여주었다는 사실을 명심해야 합니다. 예수님은 먹여 주시되 넉넉하게 먹여 주셨습니다. 이것은 풍족하신 예수님을 나타내시고, 하나님이 주시는 은혜는 넉넉하도록 주신다는 사실을 증거하는 것입니다. 하나님은 은혜를 주시되 풍성히 주십니다.

· 예수님은 우리의 육신생활에도 관심을 가지고 계심을 믿습니까?
· 하나님의 은혜와 축복은 넘친다는 사실을 믿습니까?

풍랑을 잔잔케 하시는 예수님

마 14:22-36

제자들은 예수님이 시키시는 대로 내일의 전도대상 지역으로 배를 타고 갔습니다.

가다가 밤중에 태풍을 만났습니다.

예수님께서 혼자 산에 올라가서 기도하시다가 오셔서 바람과 바다를 잔잔케 하셔서 위기를 면하게 해주셨습니다.

예수님이 하신 말씀 세 가지가 있습니다.

(1) 안심하라.

(2) 두려워 말라.

(3) 믿음이 적은 자여 왜 의심 하느냐?

그리고 예수님이 배에 오를 때 바람은 그쳤습니다.

영적인 의미에서도 예수님이 함께 계시는 곳에 결국 삶의 방향을 찾게 되며 풍랑은 잔잔하게 해줍니다.

· 우리는 풍랑을 일으키는 자는 아닙니까?

예수님의 개혁운동

마 15:1-9

바리새인들과 서기관들의 종교적 전통은 잘못된 것이 너무나 많았습니다. 그것은 장로들의 유전을 하나님의 믿음과 동일시하고 오히려 더 중요하게 여겼던 것입니다.

예수님의 사역으로 종교 지도자층은 초긴장 상태에 이르렀습니다. 사실은 예수님이 민중을 동원해 큰 소요를 일으킬 줄 알아서 긴장했던 정치계는 예수님이 어떤 행동도 취하지 않으시므로 관망만 하고 있었습니다.

그러나 바리새인들과 서기관들은 옛날부터 전승되어 온 율법에 대한 주석으로서 여러 가지 생활, 규범 등을 모아서 가르쳤습니다. 이것이 율법과 동일시하는 장로들의 유전입니다. 약 200년경 탈무드의 일부입니다(머쉬나).

그래서 예수님이 저들의 유전과 전통이 율법의 정신과 너무나 위배됨을 지적했던 것입니다. 그중에 오늘 대표적으로 지적된 것이 하나님께 드릴 것이 없다는 것입니다. 오늘날도 예수님을 빙자해서, 하나님의 뜻이라는 말로 포장해서 잘못을 저지르는 자가 얼마나 많습니까? 우리는 아무리 습관화되고 오랫동안 내려오는 전통이라도 성경의 기본 정신과 원리에 맞지 아니하면 과감하게 수정해야 됩니다. 언제나 성경과 교회 유익에 우선을 두어야 합니다.

· 나는 내 습관과 육신의 소욕을 하나님의 말씀에 굴복시키고 있습니까?

소경이 소경을 인도하면 안된다

마 15:10-20

소경이 소경을 인도하면 안됩니다.
지도자는 모든 면에서 앞서야 합니다.
사람이 소를 이끌고 가야지 소가 사람을 끌고가면 되겠습니까?
마음이 정결치 못한 자는 정결한 말이나 행동이 나올 수 없습니다.
(거짓 증거 · 음란 · 도적질 · 간음 · 시기 · 질투 · 거짓)
모든 것이 마음에서 출발합니다.
파당, 모함도 모두 마음에서 출발합니다.
악한 생각은 모두 죄의 열매를 가져오게 하는 죄의 씨입니다.
지도자는 먼저 마음이 정결해야 합니다.

깨끗한 양심, 성실, 정직 등 근본 생각과 사상이 바로 되어 있어야 합니다. 도덕적 수준이나 신앙수준은 그 사람의 마음상태가 결정합니다. 마음이 정결해야 복이 있고, 또 다른 사람을 바르게 인도할 수 있습니다. 마음이 잘못되어 있는데 제도적으로 막으려 하니 너무나 힘들고 또 효과도 없는 것입니다.

우리 사회에 비리가 이렇게 만연되어 있는지 예전에 미처 몰랐을 것입니다. 이것은 전적으로 지도자의 책임이요 그리고 종교계가 앞장서지 못한 책임이 있습니다.

· 나는 정결합니까?
· 성실하고 정직하다는 말을 듣습니까?

믿음이 큰 자가 되자

마 15:21-28

예수님께서 두로와 시돈 지방에서 가나안 여자의 믿음을 칭찬한 내용입니다.

예수님은 남자나, 여자나, 출신이 어떠하든 보시는 것은 믿음이란 사실을 교훈하고 있습니다.

믿음이 소원 성취의 열쇠입니다.

정통 유대인 종교 지도자도 믿음이 없으면 인정 받을 수 없고, 예수를 바로 알고 싶은 믿음이 있으면 인정받는 것입니다.

믿음은 믿음의 대상이나 목적이 분명해야 합니다.

이 여인은 예수님만이 믿음의 대상이요 예수님만이 자신의 문제의 해결자로 알았습니다.

예수님은 이 여인의 믿음을 보시기 위해 이방인 여자의 간구에 무관심하셨습니다. 사람에게 무관심하는 것은 정말 견디기 힘듭니다.

24절에 보니 멸시했다 그랬습니다. 또한 이방인이란 사실을 강조하면서 멸시했습니다.

26절에 보니 개 취급을 했습니다.

그러나 이 여인의 목표는 분명했기에 그런 말에 개의치 않았습니다.

하나님이 아니면 자기 딸이 귀신이 들려 있는데 해결할 길이 없다는 사실을 알았습니다.

목표와 목적이 분명한 사람은 그 어떤 난관도 개의치 않고 이깁니다.

· 나는 어떤 믿음을 가졌습니까?

· 이방인의 믿음를 칭찬하신 예수님이십니다.
· 이방 여인의 믿음을 칭찬했습니다.
· 나는 믿음 때문에 칭찬 받아본 적이 있습니까?

문제 해결자로 오신 예수님

마 15:29-39

많은 무리들이 예수님을 따르게 된 것은 예수님이 문제 해결자이셨기 때문입니다. 가나안 혼인 잔치 도중에 포도주가 떨어져 문제가 발생했을 때 예수님이 문제를 해결해 주신 첫 번째 기적으로 시작해서 최후의 순간 십자가 위에서 한 강도의 문제까지 해결해 주시고, 십자가 죽음으로 다 이루었다고 선포하신 주님은 인류의 문제의 해결자이십니다. 모든 문제는 죄로 인해 왔습니다.

죄 문제의 해결은 모든 문제의 근본적인 해결입니다.

예수님께서 갈릴리 호숫가, 산에 올라가 앉으시니 많은 사람들이 몰려 왔습니다. 가족들이나 형제 또는 친구들의 도움에 의해 예수님 앞에 인도했습니다.

예수님께서 다 고쳐 주시고 사흘 동안 예수님 앞을 떠나지 않고 있던 무리들에게 보리떡 일곱 개와 물고기 두어 마리로 여자와 어린아이 외에 4천명을 배불리 먹여 주셨습니다. 지금도 주님은 교회와 주의 사자들을 통하여 예수님이 보내신 성령으로 역사하십니다. 교회는 문제 해결의 영적인 병원이 되어야 하고 말씀의 치료와 배부름이 항상 넘쳐야 합니다.

· 나는 내게 안고 있는 문제를 누구에게 내어놓고 있습니까? 전적으로 주님께 맡기고 있습니까?

바리새인과 사두개인들의 누룩을 조심하라

마 16:1-12

예수님께서는 무리들에게 시대의 표적을 볼 줄 모르는 영적 무지에 대해 책망하셨습니다. 영적인 무지든, 육적인 무지든 무지는 사람을 미련하고 어리석게 만듭니다. 특히 영적인 무지는 신앙의 적입니다.

바리새인들과 서기관들의 누룩은 속과 겉이 다른 이중 생활입니다. 교회의 가장 큰 암은, 그리고 부흥에 지장을 주는 것은 속과 겉이 다른 이중적인 사람들입니다. 영적으로 무지한 자들은 여지없이 속아 넘어가기 때문에 누룩처럼 퍼지게 됩니다.

사두개인들은 종교를 현세적 행복의 수단으로 생각했습니다.

이런 자들은 수단과 방법을 가리지 않고 현세적 목표를 위해 노력합니다.

그러니까 참된 신앙생활이라기 보다는 종교는 이용물이 되는 것입니다.

성도의 목표는 지상 제일주의가 아닙니다.

천상 제일주의입니다.

· 나는 영적인 것을 위해 육적인 것을 희생시킵니까?
· 내일을 위해 오늘에 충실합니까?
· 종교를 내 육신 삶의 이용물로 생각지는 않습니까?
바리새인들과 서기관들의 누룩을 조심해야 합니다.

천국의 열쇠는 교회의 기초이다

마 16:13-20

천국의 열쇠는 교회의 기초입니다.

그리고 천국의 열쇠는 진리와 권세, 즉 말씀의 권세를 의미합니다.

교회는 주님의 말씀의 바탕 위에 세워져야 합니다.

말씀의 바탕이 바로 신앙의 뿌리입니다.

기독교는 말씀의 종교입니다.

말씀은 하나님의 생각의 표현이요 주인공은 예수 그리스도이십니다.

참된 교회는 말씀의 신앙고백 위에 세워져야 합니다. 신앙고백이 없는 교회는 교회가 아닙니다. 말씀의 바탕이 없는 교회는 세대의 흐름에 동요되고 변해 버립니다. 천주교는 베드로 위에 교회가 세워지게 되는 것입니다.

그러므로 교회는 말씀이 충만하고 말씀이 살아서 역사해야 합니다.

열쇠는 문을 여는 것입니다. 축복의 문을 여는 것입니다.

우리는 열쇠, 가장 중요한 것을 잊어버리고 살지는 않습니까?

십자가를 지고 나를 좇을 것이니라

마 16:21-28

예수님께서 예루살렘에 올라가시면 대제사장들과 서기관들에게 많은 고난을 받고 십자가에 죽으실 것이라고 말씀하셨습니다.

제자들은 처음 듣게 된 말씀입니다. 이때 베드로가 예수님을 붙들고 그렇게 하지 말라고 간절히 간구했습니다.

그때 예수님께서 베드로에게 "사단아 내 뒤로 물러가라. 너는 나를 넘어지게 하는 자로다"라고 했습니다. 그러면 여기서 사단이 하는 일이 무엇이겠습니까?

① 넘어지게 하는 일입니다.

② 하나님의 일을 생각지 않고 사람의 일을 생각하는 인본주의입니다.

③ 자기 십자가를 지지 않는 자입니다.

자기를 부인하고 자기의 십자가를 질 줄 알아야 합니다.

각자의 십자가가 있습니다.

십자가를 못 지도록 하는 것이 사단의 일이라는 사실을 깨달아야 합니다.

· 나는 십자가를 지고 있습니까?

· 나는 피하기를 잘합니까?

· 하나님의 일을 중요하게 생각합니까?

· 사람의 일을 중요하게 생각합니까?

주님의 말씀만 들어라

마 17:1-8

누구나 신비한 체험을 하는 것은 아닙니다.

베드로, 요한, 야고보는 특권을 누리게 된 것입니다.

사실 예수님의 제자 중 신비한 체험을 한 세 제자가 주역할을 했습니다. 담대히 말씀을 증거한 베드로, 첫 순교자 야고보, 마지막까지 교회를 지키고 고난을 당한 요한입니다.

변화된 예수님의 영광스러운 모습과 모세와 엘리야는 구약 전체를 나타내고, 구약 전체가 증거하는 것이 예수님이심을 드러내고 있습니다.

그러므로 성경이 드러내는 것은 하나님의 사랑의 표현인 예수 그리스도입니다.

십자가를 통하여 구원사역을 이루시는 것이 성경의 진리입니다.

그러므로 모든 초점은 예수 그리스도이십니다.

하나님께서는 주님의 말씀만 들으라고 명령하십니다.

여러분! 우리의 신앙의 표준은 주님이십니다.

예배의 중심도, 복음 증거의 중심도, 예수 그리스도를 통하여 하나님을 깨닫게 되고 하나님께 나아가는 것입니다.

· 우리의 초점은 흐려져 있지 아니합니까?
· 신앙의 중심이 오직 예수로 되어 있습니까?

믿음의 능력

마 17:14-21

예수님이 산에서 내려오시니 산 아래에 남은 제자들이 귀신들린 아들을 고치지 못하고 있었습니다. 기대를 걸고 왔던 아이의 아버지는 예수님이 안 계시니 제자들에게 부탁했으나 헛수고였습니다.

예수님께서 그 광경을 보시고 제자들을 책망했습니다. 믿음이 없음을 책망했습니다. 그리고 귀신을 꾸짖었습니다.

사실 교회에서도 가장 중요하게 생각해야 할 문제가 믿음 문제입니다. 주님을 전적으로 믿는 참 믿음이 있으면 큰 역사를 이루게 되는 것입니다.

믿음은 없어도 안되고, 한걸음 더 나아가 적어도 안됩니다. 큰 믿음은 능력이 따릅니다. 우리의 믿음 상태는 하나님이 잘 아십니다.

그리고 자신도 압니다. 무엇보다 마귀가 압니다. 그러므로 믿음이 적으면 귀신들이 항복하지 아니합니다. 주님은 믿음이 좋으면 칭찬하시고, 믿음이 없으면 책망하십니다.

· 나는 믿음이 있습니까?
· 나는 큰 믿음이 있습니까?
· 나의 믿음은 귀신들이 도망가는 능력있는 믿음입니까?

죽음과 부활을 예고하심

마 17:22-27

예수님께서 제자들에게 십자가에 죽으실 것과 부활하실 것을 말씀하셨습니다. 그러나 제자들은 깊이 깨닫지 못하고 근심했습니다.

교회의 뼈대는 십자가의 죽음과 부활입니다.

예수님이 이 땅에 오신 목적은 우리를 구원하기 위해 죽으시려고 오셨습니다. 그러나 제자들은 죽음 문제에 대해서만 근심하고 부활의 예언에 대한 기대를 가지지는 못했습니다.

사실 부활이 없는 십자가의 죽음은 문자 그대로 패배입니다. 부활로 가는 과정이 죽음입니다. 그러므로 살고자 하는 자는 죽고, 죽고자 하는 자는 사는 것입니다.

우리는 십자가의 진리를 깊이 이해하지 못하면 주님의 제자가 될 수 없고 사명을 인식할 수 없습니다.

다음은 세금 문제에 대해 언급하시고 본을 보이셨던 내용이 기록되어 있습니다. 예수님께서 성전을 무시한다는 오해를 피하기 위해 성전 세금을 내셨습니다.

당시 20세 이상의 유대인 남자들은 성전 유지를 위해 해마다 반 세겔씩을 내었습니다. 반 세겔은 이틀 동안의 품삯입니다. 우리는 국가의 세금을 정확하게 내어야 합니다. 그리고 세금이 정정당당하게 쓰이는지 감시할 책임도 있습니다.

· 성도의 의무가 십자가를 지는 일이라면 국가에 대한 의무는 대표적으로 세금을 내는 것입니다.

실족케 하지 말라

마 18:1-4

제자들은 예수님이 죽게 된다니까 심히 근심했습니다.

그러나 예수님이 하나님의 아들이신 것이 분명해지자 제자들은 활기를 찾기 시작했습니다. 그래서 제자들 가운데는 벌써 서열에 관심을 가졌던 것입니다.

그때 예수님께서 먼저 천국에 들어갈 수 있는 자격부터 언급하고, 그 다음 천국에서 위대한 자는 세상 개념과는 전혀 다르다는 사실을 가르쳐 주셨습니다.

유대인들은 어린아이들을 습관적으로 수에 넣지도 않았고 업신여겼는데 예수님은 어린 아이와 같아야 천국에 간다고 하셨습니다.

어린 아이는 겸손하고, 순진하며, 전적으로 부모를 의지하는 것입니다. 그리고 남을 실족시키지 아니합니다.

예수님께서는 남을 실족시키는 문제를 굉장히 엄격하게 다루십니다. 차라리 자기가 연자맷돌을 목에 달고 죽는 것이 낳다고까지 했습니다.

현대 교회는 기신자들이 초신자들을 실족시키는 일로 말미암아 믿음이 성장하기도 전에 교회를 떠나는 경우가 많습니다. 우리는 어떻게 하든지 간에 남을 실족시키지 않을려고 노력해야 됩니다. 혈기나 교만에 의해 아무렇게나 내뱉은 말 때문에 다른 사람이 상처를 입지 아니하도록 조심해야 할 것입니다.

· 나는 천국에서 큰 자로 인정받을 수 있습니까?

· 어린 아이처럼 순진합니까?

· 타인을 실족시킨 일은 없습니까?

하나님의 뜻

마 18:11-20

하나님은 아무 공로없고 쓸모없는 죄인이라도 회개하면 구원해 주십니다. 한 영혼이라도 잃어버리는 것은 하나님의 뜻이 아닙니다.

그러나 끝까지 돌아오지 않고 회개치 아니할 때는 구원받을 수가 없습니다.

예수님께서는 교회의 권위와 성도들의 결정이나 기도에 대해 중요성과 권위를 인정하셨습니다. 성도가 모인 곳에는 언제나 하나님이 함께 계시고 주관하십니다.

우리는 범죄한 형제를 헐뜯고 비판하려고 하기보다 은밀히 권면하고 회개하도록 하는 사랑과 지혜가 더 필요합니다.

우리가 사는 이 세상과 시간은 굉장히 중요합니다.

씨를 뿌리는 것과 같고 영원을 결정하는 기간입니다.

우리는 땅에서 신앙생활을 등한시 하지는 않았습니까? 하나님의 뜻은 잃어버리지 않아야 되는데 나는 잃어버리고 있지는 아니합니까?

증인들의 역할은 비판하고 정리하는 것이 아니라 사랑으로 권고하는 일이라는 사실을 아십니까?

무제한의 용서

마 18:21-35

천국 백성은 누가 더 크느냐에 관심이 있는 것이 아닙니다. 섬김의 원리와 용서의 원리가 실현된 자들의 공동체입니다.

우리는 하나님으로부터 무제한적으로 용서를 받은 자들입니다.

본문에 일만 달란트는 그 당시에 계산이 가능한 최고의 액수였습니다.

22절에 일흔 번씩 일곱 번이라는 말은 완전수 일곱에 또 열을 또다시 일곱을 곱하였기 때문 역시 무제한을 의미합니다.

하나님의 용서는 양으로 계산할 수 없습니다.

그러나 우리는 용서를 제한할 때가 많습니다.

섬김과 용서가 반복되지 아니하는 한 우리는 천국 공동체를 이룰수가 없습니다.

우리가 진 죄의 빚은 하나님 편에서의 용서가 아니면 해결할 수 없는 무한하고 절대적인 것입니다.

자신의 죄의 부피를 모르면 구원에 대한 감격도 없습니다. 그리고 사죄에 대한 감사와 감격도 없는 것입니다. 우리는 하나님의 용서에 깊이 감사하며 우리들의 이웃을 용서하는 삶을 살도록 노력해야 될 줄 믿습니다.

바리새인들의 올무를 위한 시험

마 19:1-12

예수님의 교훈은 바리새인의 교훈과 행위와는 늘 상반되었습니다. 그러므로 바리새인들은 어떻게 하면 예수님을 올무에 빠뜨릴까 연구하게 되었습니다. 그 시험의 내용이 이혼문제였습니다.

예수님은 간음한 이유 외에는 이혼을 허락지 아니하셨습니다. 그러나 바리새인과 서기관들은 모세의 율법에 근거해서 쉽게 이혼을 허락했습니다. 그래서 예수님의 교훈을 모세의 율법과 충돌시켜 예수님의 권위를 떨어뜨릴려고 했습니다. 왜냐하면 그 당시 모세의 권위는 이스라엘 백성에게 대단했기 때문입니다.

그러나 예수님은 바리새인들의 모세 율법 정신에 대한 해석이 잘못되었음을 지적하셨습니다.

시험에는 두 가지가 있습니다. 올무를 위한 시험입니다. 이것은 유혹에 가까운 것입니다. 반면에 연단을 위한 시험, 더 큰 축복의 그릇을 만들려는 시험이 있습니다.

바리새인들의 소행은 사악했습니다. 쉽게 말해 순진하지 못했습니다. 크리스천들은 남을 올무에 빠뜨리려는 시험은 하지 말아야 합니다.

그리고 율법의 행위속에 그 정신을 알아야 합니다.

또한 우리는 영안이 밝아 올무에 넘어지지 않도록 조심해야 합니다.

오늘도 세상의 유혹과 사단의 올무에서 넘어지지 않도록 도와 달라고 기도해야 될 줄 압니다.

천국과 영생은 어떤 자의 것인가?

마 19:13-22

천국과 영생은 같은 개념입니다.

예수님은 어린 아이와 같아야 천국에 간다고 말씀하시, 부자 청년에게는 구제하라고 권고하셨습니다.

사람들이 어린 아이를 예수님에게 안수기도 받으려고 온 것은 잘한 일입니다.

어릴 때부터 하나님이 주시는 은혜와 복을 받아야 합니다.

그리고 부자 청년이 영생에 대해 관심을 가진 것도 좋은 현상입니다.

다만 이 청년은 영생의 계명을 지킴으로 온전해질 수는 없습니다.

영생은 주님을 의지하고 주님을 전적으로 믿는 자들의 것입니다. 물질로 선을 행한다고 구원을 얻는 것은 아닙니다. 다만 구원 얻은 자는 선하게 살 수밖에 없다는 것입니다.

· 오늘 아침 주님의 안수와 축복의 기도를 받으시는 새벽이 되시기를 바랍니다.
· 구원 얻은 백성으로 선의 증거의 삶이 계속되기를 바랍니다.

영생을 상속 받을 자

마 19:23-30

예수님께서 부자 청년에게 실제적으로 자기의 소유를 팔아 사랑을 실천하는 것이 율법의 정신이라고 할 때 그 청년은 재물이 많으므로 예수님 말씀을 듣고 근심하며 돌아갔습니다.

그 다음에 예수님께서 하시는 말씀은 부자가 천국에 들어가는 것보다 약대가 바늘귀로 들어가는 것이 더 쉽다는 의미로 말씀하셨습니다.

이것은 성령이 감동하고, 역사하고, 도와 주지 아니하면 인간의 의지나 노력으로서는 불가능하다는 것입니다.

예수님께서는 심령이 가난한 자는 복이 있다고 말씀하셨습니다. 즉 육신의 부자는 마음이 교만하기 쉽고, 물질을 하나님보다 더 중요시 할 수가 있습니다.

예수님은 복음을 위해서, 예수 그리스도를 따르기 위해서 형제나 자매나 부모나 자식이나 전토를 버린 자마다 여러 배를 받고 또 영생을 상속하리라고 하셨습니다. 여기 버린다는 말은 형제 자매를 의미하는 것이 아니라 예수 그리스도를 제일 우선으로 한다는 의미입니다. 예를 들어 안 믿는 형제가 주일에 결혼식을 한다면 결혼식 때문에 주일을 범할 수는 없는 것입니다.

부모가 예수를 못 믿게 한다고 부모의 말을 따를 수는 없는 것입니다.

자식 공부시키는 일 때문에 하나님의 것을 도적질 할 수는 없는 것입니다.

부모의 생일이 주일이라면 다른 날로 변경해야 하는 것입니다.

문제는 누가 먼저 성령을 받고 충만한 신앙생활을 하느냐? 거기에서 신앙의 차이가 나게되는 것입니다. 먼저 다녀도 은혜나 성령 충만을 늦게 받으면 나중되는 것입니다. 교회는 능력 위주이지 연도 위주가 아닙니다.

초대교회가 연도 위주로 맛디아를 뽑았다가 맛디아는 일 한 것이 아무것도 기록되어 있지 아니했습니다.

그러나 스데반과 여러 집사들은 비록 집사이지만 전도하고, 또 사도들을 잘 도왔기에 교회가 부흥 되었습니다.

· 나는 내 연도 만큼 신앙이 큽니까?
· 나는 예수님이 내 중심의 첫 자리에 있습니까?
· 예수님이 내게 무슨 순종을 요구하십니까?

주인되신 하나님의 뜻

마 20:1-16

하나님의 뜻은 사람의 뜻이나 계산과는 다릅니다.

하나님은 사람의 뜻을 반영하여 민주주의적인 방식에 의해 산출되는 것이 아니라 자신의 자비와 사랑의 은총에 의해 실행되어집니다.

6시에 부름 받았던, 9시에 부름 받았던, 11시에 왔던 은혜는 주인의 약속에 의해 베풀어지는 것입니다.

하나님의 뜻과 은혜의 비밀을 깨달은 자는 오로지 감사할 것밖에 없습니다.

오늘 우리는 인간적인 계산과 인간의 잣대로 하나님을 원망하고, 하나님의 뜻을 깨닫지 못하는 경우가 많습니다.

모든 권한은 주인에게 있는 것이지 품꾼에게 있는 것이 아닙니다.

우리는 내가 주인 행세를 하면서 살려고 하지 않습니까?

먼저 된 자가 나중되고 나중 된 자가 먼저 되는 경우도 하나님의 선하신 뜻에 의한 것이고, 어리석은 자를 들어 지혜로운 자를 부끄럽게 하시는 것도 하나님의 선하신 뜻이고, 있는 자에게 더 주고 없는 자에게 있는 것까지 빼앗아 버리는 것도 하나님의 뜻이기에 우리는 오로지 하나님의 절대 섭리 하에 순종할 뿐입니다.

품꾼은 봉사가 아닙니다. 당연히 약속된 품삯을 위해 수고해야 하는 것입니다. 그러나 품꾼으로 쓰는 이가 없는 자를 불러 조금 일시키고 많이 약속한 것은 분명 하나님의 은혜입니다.

우리는 사실 11시에 온 품꾼과 같습니다.

그러므로 늘 주님의 은혜에 감사할 따름입니다.

하늘나라에서의 지위

마 20:17-28

아직도 제자들은 영적인 말씀을 육신적으로 들었습니다.

예수님은 하늘나라에 대하여 말씀하시는데 제자들은 이 땅에 나라가 주님의 손에 의해 좌우되는 그 날이 현실적으로 이루어지기를 기대하고 있었습니다.

그래서 세베의 아들의 어머니가 두 아들(예수님의 제자)을 데리고 예수님께 찾아와서 주의 나라에 한 아들은 우편에 한 아들은 좌편에 즉 가장 중요한 요직에 임명해 주기를 원했습니다.

이 정보를 들은 열 제자들은 모두 분히 여겼습니다.

그때 예수님께서 제자의 자리는 권세의 자리가 아니라 섬기는 자리요 희생의 자리라는 사실을 설명하셨습니다.

여러분! 예수님을 따르는 제자의 길은 권세를 누리고, 이름을 날리고, 행세하는 자리가 아닙니다.

종이 되고, 낮추고, 섬기고, 희생하는 자리입니다.

아직도 기독교를 잘못 이해하는 많은 사람들이 섬기는 일보다 자리에 눈독을 들이는 잘못된 자들이 얼마나 많습니까? 그것이 주님의 마음을 더 괴롭게 하고 교회를 어지럽히고 세속화 시키는 주범이 되는 것입니다.

· 우리는 종이 되고자 합니까?
· 으뜸이 되고자 합니까?
· 섬김을 받고자 합니까?
· 섬기고자 합니까?

기회를 포착하라

마 20:29-34

예수님이 가시는 곳마다 많은 무리들이 예수님을 따라왔습니다. 여리고에서 사역하신 주님은 또 다른 곳으로 가시게 되었습니다. 그때 길가에 구걸하기 위해 앉았던 소경 둘이 예수님이 지나가신다는 소문을 듣고 기회를 포착했습니다. 그들은 "다윗의 자손인 예수님! 우리를 불쌍히 여겨 주옵소서"라고 했습니다. 이 말은 구약에 예언된 "다윗의 자손인 메시아 이시여" 그런 의미입니다. 그때 무리들이 "시끄럽다, 그만하라"고 꾸짖으니까 거기에 아랑곳하지 않고 더욱더 소리질러 청중 속에 계신 예수님의 관심을 자기들에게 돌리도록 혼신의 노력을 다했습니다.

예수님은 가시다가 머물러 서서 "너희에게 무엇을 해주기를 원하느냐?"고 하셨습니다. 그럴 때 소경 둘은 "우리는 눈뜨기를 원하나이다"고 했습니다.

소경 둘은 사람들이 지나가는 길어귀에서 구걸하는 자들입니다. 그런데 예수님께서는 돈을 요구하지 않고 눈뜨기를 원했습니다.

여기에서 우리가 몇 가지 깨달을 것이 있습니다. 이들은 소문을 듣고 예수님을 약속하신 메시아로 믿는 신앙이 있었습니다. 그리고 그 메시아는 소경의 눈도 뜨게하실 수 있는 능력자로 믿었습니다. 그리고 자신들의 근본적인 문제를 주님께 부르짖게 되었습니다.

예수님의 관심을 자신들에게 돌리게 하는데 성공했습니다.

여러분! 우리의 간절한 기도와 부르짖음은 예수님의 관심을 우리에게 돌리게 하는데 성공하게 됩니다.

그들은 주님의 긍휼을 입게 되었고 눈을 뜨게 되는 기적을 체험한 체험적인 신앙을 가지고 주님을 따르게 되었던 것입니다. 할렐루야!

예수님이 쓰시는 사람

마 21:1-11

예수님께서 마지막으로 예루살렘에 입성하실 때에 두 제자를 보내시어 나귀 새끼를 풀어 오라고 하셨습니다.

예수님은 그 나귀를 타고 입성하셨습니다.

여기에서 세 부류의 순종을 발견할 수 있습니다.

첫째, 제자들의 순종입니다. 제자들은 예수님이 시키는 대로 순종했습니다. 전혀 누구의 나귀인지도 모르고 나귀와 나귀 새끼가 매인 것을 보고 예수님의 말씀에 순종하여 풀어 왔습니다.

둘째, 나귀 주인의 순종입니다. 이름도 성도 밝혀지지 않은 나귀 주인이지만 예수님이 쓰시겠다고 하니 무조건 나귀를 내어드린 사람입니다. 예수님의 하시는 일에 절대 순종하는 사람입니다. 평소부터 숨은 봉사자가 아니었나 생각됩니다.

셋째, 나귀의 순종입니다. 비록 말 못하는 짐승이지만 낯선 사람이 끌고 가도 잘 따라왔다는 것입니다. 그리고 예수님이 타고 가실 때 예수님이 인도하는 대로 잘 갔다는 것입니다.

예수님의 사역은 순종하는 자들과 함께 성취되어갔다는 사실을 명심하셔야 합니다. 불순종하는 자는 예수님의 제자가 될 수도 없고, 예수님의 하시는 일을 도울 수도 없습니다.

· 나는 어떠합니까?

· 예수님의 말씀에 절대 순종합니까? 불순종합니까?

성전을 정화하시는 예수님

마 21:12-17

예수님이 예루살렘에 입성하셨습니다.

그리고 제일 먼저 가신 곳이 성전입니다. 성전을 내 아버지의 집이라고 하셨습니다. 나귀를 타고 겸손하신 주님은 성전에 가셔서는 부정한 사람들을 다 쫓아내셨습니다. 성전 바깥 뜰에는 이방인들도 들어올 수 있는 곳인데, 이곳에서 희생 제사에 쓰이는 각종 짐승들을 팔고 성전에서 통용되는 화폐로 바꾸고 완전히 시장 바닥이 되어 버렸습니다.

순례자로부터 막대하고 부당한 이득을 챙기는 장소가 되어 버렸습니다. 이는 대제사장들과 결탁해서 허가를 받고 착취했기 때문입니다.

예수님은 성전을 정결케 하시는 일을 하셨습니다.

성전은 정치 얘기하고 상업적인 수단을 의논하고 하는 곳이 아닙니다. 성전은 회개와 신앙고백과, 선교와 전도를 위한 기도 모임으로 발전해 나가야 하는 것입니다.

오늘날 한국교회는 교회를 사유화 시키려고 얼마나 악날한 수법이 동원되고 있습니까? 기도하는 집이라기보다 시기하고, 분쟁하고, 파당짓고, 자기 개인의 소득을 위해 이용하려고 하지는 않습니까? 예수님은 성전이 성전되어지지 않을 때 가장 화를 내십니다. 우리는 날마다 성전이 세속화 되지 않도록 노력해야 할 것입니다.

열매 있는 신앙

마 21:18-22

예수님께서 잎만 무성하고 열매가 없는 무화과나무를 저주하셨습니다.

그후 무화과나무는 말라 죽었습니다.

구약의 선지자들은 종종 열매 없는 무화과나무로 이스라엘을 비유했습니다.

예수님은 육적인 배고픔보다 이스라엘 백성들의 불신과 배척 때문에 실망하고 계셨습니다. 불신은 결국 저주의 대상이 된다는 교훈입니다.

믿음이 없는 세대는 패역한 세대요, 믿음이 없는 자는 바로 열매없는 신앙생활인 것입니다.

직분, 연도, 그 어떤 신앙의 겉치장도 믿음이 없으면 무용지물이 되는 것입니다.

열매있는 신앙이란 산 믿음이 있는 신앙이라는 말입니다. 열매를 위해 나무가 있는 것이지, 나무를 위해 열매가 있는 것은 아닙니다. 예수님이 열매를 찾으시듯이 믿음을 찾으십니다. 무화과나무가 잎만 무성하고 열매가 없는 것처럼 열매가 있을 것같은, 즉 신앙이 있는 것 같은데 실제로 보니까 신앙이 없는 상태는 저주의 대상이 됩니다. 금년은 열매있는 신앙이 되기를 바랍니다.

아버지의 뜻대로 행하는 자

마 21:23-32

예수님께서 성전에 들어가가서서 가르치시니 대제사장들과 장로들이 예수님께 무슨 권세로 이런 일을 하느냐고 물었습니다. 예수님께서는 그 물음에 대답지 아니하셨습니다. 왜냐하면 대답을 해도 책잡힐 것이고, 어떤 대답을 해도 올무를 놓을 계획이 있는 질문이었기 때문입니다.

예수님은 모략과 시비에 말려들지 않을려고 노력하셨습니다. 예수님께서 28~32절까지 예수님의 비유 중에서 아버지의 말을 결과적으로 순종한 둘째 아들이 아버지의 뜻대로 행했다고 설명하셨습니다. 하나님의 나라는 말에 있지 않고 뉘우쳐 깨닫고 순종하고 행하는데 있다는 사실을 가르쳐 주고 있는 것입니다.

아버지의 뜻은 말보다 순종입니다. 우리는 말만하고 실제적으로는 순종치 않는 자는 아닙니까?

주님은 과거가 중요한 것이 아니라 지금 내 삶이 "믿음의 삶인가? 순종의 삶인가?" 하는 것입니다. 우리는 아버지의 뜻에 순복하는 자가 됩시다.

하나님의 자비와 인내

마 21:33-46

예수님께서 계속적으로 비유를 들어 말씀하셨습니다.

하나님의 백성 곧 이스라엘 나라는 자주 포도원으로 비유했습니다. 이스라엘 나라에는 포도주가 생산되었기에 포도나무 비유는 쉽게 이해할 수 있었기 때문입니다.

하나님께서는 하나님의 나라가 이루어지도록 필요한 모든 것을 친히 준비하셨습니다. 하나님께서는 시대마다 선지자를 보내셨습니다.

선지자를 통하여 하나님의 뜻을 전파했습니다.

우리는 영적 지도자의 말씀을 소중히 듣고 따라야 합니다.

그러나 완악한 백성들은 깨닫지 못했으나 하나님은 끝까지 참고 자비를 베푸셨는데 마지막에는 자기 아들까지 보내셨습니다. 그러나 완악한 백성들은 아들까지도 배척했던 것입니다.

그러나 하나님의 인내는 영원하지 않습니다(41, 43~44절).

끝까지 불순종할 때는 엄중히 벌을 내리시고, 믿고 영접한 자들에게는 그 나라의 권리를 주시는 것입니다.

· 우리는 하나님의 백성이 된 것을 감사해야 하며, 교회의 머리 되신 주님의 지체로서 충성해야 합니다.
· 우리는 완악에 빠지지 않도록 항상 경계해야 합니다.

천국은 준비된 잔치와 같다

마 22:1-14

예수님은 계속해서 비유로 교훈하셨습니다.

본문은 천국에 대한 비유로 혼인 잔치와 같다고 했습니다.

1) 갖추고 준비된 잔치, 천국은 모든 것이 갖추어져 있고 준비된 곳입니다. 천국은 사람들이 모여 사는 곳이요 즐거움이 있는 곳입니다. 만나는 즐거움, 먹는 즐거움, 부족함이 없는 곳입니다.

2) 손님을 초청했습니다. 종들을 보내어 초청했습니다. 여러 선지자들을 보내신 것을 의미합니다. 그러나 초청 받은 많은 사람들이 거절했습니다.

3) 주인의 호의를 거절한 자들에 대한 심판과 무자격자들을 무조건 천국에 들이시는 은혜를 나타냅니다.

4) 예복은 주인이 보내 주는 것을 입어야 합니다. 우리는 주님이 주시는 구원의 옷, 의의 옷을 입어야 합니다. 주님의 은혜와 공로로 구원받게 되는 것을 의미합니다.

· 우리는 하나님의 초청에 진심으로 감사합시다.

구별의 지혜

마 22:15-22

바리새인들과 헤롯 당원들은 어떻게 하면 예수님을 올무에 걸리게 할까 연구하고 의논했습니다.

그 당시 헤롯당은 당시 로마의 지배를 인정하고, 그 통치자들을 지지함으로 상당한 특권을 누렸던 정치 꼭두각시였습니다.

반면에 바리새인들은 율법을 철저히 지킴으로 이방인의 지배를 벗어 나려고 했던 종교 단체였습니다. 그러므로 바리새인들은 납세를 거부했고, 헤롯당들은 철저히 로마정부의 하는 일에 동조한 사람들입니다.

그런데 예수님을 올무에 빠지게 하는 일에는 서로가 단합이 되었습니다. 그러나 예수님은 지혜롭게 대답하므로 그들은 예수님을 올무에 걸리게 할 수가 없었습니다. 그 대답은 가이사의 것은 가이사에게, 하나님의 것은 하나님에게 바쳐야 한다고 명쾌한 대답을 하므로 그들의 계획은 무산되었습니다. 우리는 구별의 지혜와 결단이 필요합니다.

하나님의 날, 하나님의 것을 구별하여 드리는 삶이 필요합니다.

우리의 모든 것이 하나님의 것입니다. 그래서 우리는 구별해서 하나님께 드려야 합니다.

사두개인들의 영적 무지

마 22:23-33

"저희가 이 말씀을 듣고 기이히 여겨 예수를 떠나가니라"
(마 22:22)
"무리가 듣고 그의 가르치심에 놀라더라" (마 22:33)

대제사장들과 바리새인들과 헤롯 당원들의 연합작전으로 예수를 올무에 빠뜨리려고 했던 시험도 실패로 돌아갔습니다.

이제는 사두개파가 나서서 자신들의 신학적인 입장을 내세워 예수님을 굴복시키려고 했으나 역시 실패했습니다. 사두개파는 예수님의 육체적 부활과 영적 존재, 사후 세계를 인정치 아니하는 단체였습니다.

구약시대에는 가문이 끊어지는 것을 큰 재앙으로 여겼습니다. 그래서 과부가 된 형수와 남은 형제들이 결혼하는 수혼법이 있었으나 예수님 시대에는 이미 사라졌습니다.

영적 세계를 모르는 무지의 소치에서 온 그들의 질문에 결국 더 이상 말을 못하도록 예수님이 말씀하셨습니다. 그러나 그들은 진리를 듣고도 믿을려고 하지 않았습니다. 믿기 위한 질문이 아닌 그들은 예수님의 가르치심에 기이히 여기면서도 떠나가고 놀라기만 하고 믿지는 아니했습니다.

예수님은 믿음이 없는 시대를 가장 패역한 시대라고 하셨습니다.

· 나는 믿음이 있는가?
· 기존의 관념 때문에 믿음이 자라지 못하는 경우는 없는가?

믿음은 하나님의 선물이요 최고의 복

마 22:34-46

예수님은 사두개인들의 질문에 명쾌하게 대답했습니다.

그러나 그들은 그의 가르치심에 놀라면서도 믿지는 않았습니다.

바리새인들도 예수를 책잡으려고 질문했으나 예수님이 대답하시는 말씀을 듣고 기이히 여기면서 떠나갔습니다.

그것은 믿기 위한 질문이 아니라 책잡기 위한 질문이었기 때문입니다.

오늘 본문 역시 바리새인 중에서 계명에 대한 질문을 했습니다. "율법중에 어느 계명이 큽니까?"라는 질문이었습니다. 예수님은 성경에 정통하셨습니다.

첫째는 마음을 다하고, 목숨을 다하고, 뜻을 다하여 하나님을 사랑하라는 것이고, 둘째는 네 이웃을 네 몸과 같이 사랑하라는 것이라고 대답했습니다.

그리고 예수님께서 바리새인들에게 다시 질문을 던졌습니다. 그것은 왜 다윗이 예수님을 주라고 불렀는데, 주님이라고 부를 수 있는 분은 하나님밖에 없는데 어떻게 다윗의 자손이 주가 될 수 있느냐는 것입니다. 이때 한 질문도 대답하지 못하고 그 후에는 아무도 묻는 자가 없었습니다. 그러나 아무리 율법에 정통한 대답을 하고, 대답 못할 질문을 해도 그들은 믿지 않았습니다. 그러므로 믿음은 지식의 수준도, 명쾌한 답이 주어진다고 얻어지거나 자라는 것이 아닙니다.

· 우리의 믿음은 얼마나 있습니까?

서기관들과 바리새인들의 행위 폭로

마 23:1-12

23장은 예수님께서 서기관들과 바리새인들의 죄를 폭로하신 내용입니다.

서기관들은 가르치기를 잘하나 행하지는 아니하는 자들이요, 바리새인들은 행하기는 행하는데 모두 형식과 외식에 길들여져 있는 자들이었습니다.

예수님께서는 섬기는 본과 낮추는 본을 보여야 할 것을 가르치셨습니다.

서기관들과 바리새인들은 잔치의 상석과 회당의 상좌와 시장에서 인사 받는 것과 선생님하는 소리를 듣기를 좋아했습니다.

그러나 하나님은 겸손한 자를 높이시고 교만한 자를 낮추십니다.

하나님께서는 섬기는 자를 큰 자로 보십니다.

세상이 보는 것과는 너무나 대조적 입니다.

우리는 말만하고 행치 아니하는 자가 되지 말아야 할 것입니다.

그리고 무거운 짐을 자신은 짊어지지 않고 남에게 짐을 지우는 자가 되어서도 안될 것입니다. 기독교는 자기 희생을 강조하고 행함이 있는 믿음을 요구하고 있습니다.

주님은 우리의 행위를 아십니다.

· 주님이 우리의 행위를 폭로한다면 우리의 모습은 어떠하겠습니까?
· 우리는 주님 앞에 인정받는 자가 되어야 할 것입니다.

하나님의 무서운 경고

마 23:13-22

선지자는 죄를 책망하고 심판을 경고해야 합니다.

계속적인 회개와 자신을 살피는 것이 없으면 계속적으로 변질되고 타락하여 마지막에는 돼지우리에까지 떨어지게 됩니다.

말라기 선지자 이후에 400년 동안 선지자가 없었습니다. 그러나 이스라엘의 종교는 변질될 대로 변질되어 바리새인들과 서기관들을 만들어 냈습니다.

예수님께서 팔복을 선언하시고 가르치셨는가 하면 오늘 본문에는 일곱 가지 화를 경고 하셨습니다. 화는 하나님의 무서운 경고이기에 회개치 아니하면 피할 길이 없습니다.

변질된 성도나 변질된 교회는 결국 무서운 화를 면치 못할 것입니다. 바리새인들은 형식과 외식, 자신의 경건함과 신실함을 과시하기 위하여 헛된 맹세를 남발하는 자들이었습니다. 하나님이 싫어하는 것 중에 하나가 위선입니다. 마음에 없는 가식입니다. 우리는 중심으로 믿고, 진실된 그리스도인이 되기 위해 무던히 노력해야 할 것입니다.

날마다 말씀의 거울과 성령의 빛에 자신의 모습을 보며 회개해야 할 것입니다.

우리는 화있는 자가 되지 말고, 복있는 자가 되어야 할 것입니다.

화 있을진저 소경된 자여

마 23:23-28

계속적으로 책망하고 경고하는 내용입니다.

특별히 외식과 소경된 인도자라는 사실을 반복적으로 강조합니다. 형식도 무시할 수 없습니다.

그러나 내용이 없는 형식은 결국 율법주의가 되고 저주의 대상이 되는 것입니다.

형식은 내용을 위한 것이고, 내용이 있는 형식은 좋은 열매가 되는 것입니다.

바리새인들이 철저하게 계산하여 십일조를 드리고 겉으로 깨끗하게 한다는 사실이 나쁜 것이 아니고 그 정신과 내용을 무시하기 때문인 것입니다.

겉으로 옳게 보이는 것 못지 않게 안으로 더 정결케 하고, 옳게 보여야 하는 것입니다.

우리는 사람에게 과시하기 위해서 외적인 행동만 경건하게 연기할 것이 아니라 우리의 속마음을 아시는 하나님 앞에 진실되게, 진정으로 예배 드리는 삶을 살아야 할 것입니다.

우리는 하나님의 계명이기 때문에 마지못해 헌금하는 것이 아니라 하나님의 은혜가 너무 감사하여 주님 앞에 드려야 할 것입니다.

칼빈은 항상 하나님 앞에서의 삶을 강조했습니다. 우리는 하나님 앞에서의 삶을 살아야 잘 될 것입니다.

하나님의 사랑을 거절하는 자들의 결과

마 23:29-39

서기관들과 바리새인들은 경건과 정통성을 과시했습니다. 물론 경건은 외식적입니다. 그들은 당시 선지자들과 의인들의 무덤을 화려하게 개축하고 비석을 세워 기념하는 것이 유행이었습니다. 이것은 믿음의 조상들을 존경하는 척하므로써 자신들의 정통성과 경건을 과시하기 위해서입니다. 그러나 그들은 세례 요한이 죽임을 당하도록 방치했으며 예수님을 죽일려고 모의했던 것입니다.

하나님은 회개하기를 기다립니다.

그러나 끝까지 하나님의 사랑을 거절할 때는 가정이 깨어지고 버린 바 되는 채찍을 맞게 되는 사실을 알아야 합니다.

기회는 항상 있는 것이 아니고 무제한적이 아닙니다. 기독교는 외식하는 자들 때문에 핍박을 받았습니다. 기독교의 적은 불신자가 아니라 잘못된 크리스천들인 것입니다.

· 나는 어떠합니까?
· 나는 주님께서 허락하시는 칭찬의 대상입니까?

말세의 징조들

마 24:1-14

24장은 예수님께서 직접적으로 종말에 대한 징조들을 가르치신 것입니다.

성전 지도자들이 예수님을 죽이는데 앞장 섰기에 하나님께서 예루살렘 성전을 버리셨습니다. 성전으로서의 기능을 상실하면 하나님은 성전을 버리십니다.

우리는 하나님을 잘 섬길 때 선민으로서의 특권이 주어지게 되고, 그렇지 못할 때 특권도 상실되고 오히려 버림을 받게 되는 것입니다.

성전은 하나님과의 바른 관계를 가질 때 중요하고, 가치가 있지 그렇지 못하면 아무런 가치가 없는 것입니다.

마지막 때는 미혹하는 일이 많으며 전쟁과 기근과 지진이 있을 것이라고 예고하셨습니다.

그리고 거짓 선지자가 많이 일어날 것이라고 말씀하셨습니다.

무엇보다 불법은 성하고 사랑은 식어갈 것도 말씀하셨습니다.

그러므로 성도들에게 필요한 것은 견디는 것입니다. 끝까지 견디는 것입니다.

마지막 때는 더욱 더 견디어야 되는 것입니다.

"주여! 우리가 끝까지 견딜 수 있는 인내와 힘을 주시옵소서."

예루살렘 함락에 대한 예언

마 24:15-28

선지자를 죽이고 예수님을 죽인 예루살렘은 멸망할 것이라고 예언하셨습니다.

다니엘 9:27, 12:11에 "멸망의 가증한 것"이 거룩한 곳에 차지할 것을 예언했는데 예언대로 주전 167년에 에피파네스가 성전에 제우스 제단을 설치한 예가 있었습니다. 우리도 일제 시대때 성전에 일장기를 달고 신사 참배를 한 자들이 절대 다수가 아닙니까?

예루살렘이 함락될 때 모든 땅에 있는 것을 포기하고 급하게 산으로 도망간 자들은 살아남게 되었다고 합니다.

세상 끝날에도 대환난을 앞두고 부동산이나 재물에 집착해서는 안 되는 것입니다.

우리는 항상 주님의 재림을 기다리며 맞이할 준비를 해야 하는 것입니다. 재림하신 예수님은 초림처럼 한 지역에 국한되어 오시지 않고 각인의 눈이 볼 수 있도록 오십니다. 우리는 어떠한 환난 중에도 믿음을 지킬 각오가 되어야 하고 평소에도 준비해야 됩니다.

· 오늘 예수님이 오신다면?
· 환난이 온다면 어떻게 될 것인가?

재림의 표적

마 24:29-36

예수 그리스도의 재림시 재림의 표적에 대하여 말씀하셨습니다.

온 세상이 심판 받기 전에 먼저 유대 민족이 환난을 당할 것을 말씀하셨습니다. 예수님은 유대인을 구원하러 오신 분이 아니십니다. 온 세상에 택한 자들을 모으실 것입니다. 유대인들은 자기 민족들만 선민이라고 생각하는 것이 얼마나 잘못 되었는지를 모르고 있었던 것입니다.

본문에 해가 어두워지며, 달이 빛을 내지 못하며, 별들이 하늘에서 떨어지며, 하늘의 권능들이 흔들린다는 말은 선지자들이 국가의 흥망성쇠를 논할 때 쓰는 표현입니다. 예수님의 재림은 틀림없다는 사실과 재림시 여러 가지 징조가 있다는 것을 말씀하셨습니다. 그리고 예수님의 재림은 모두가 볼 수 있게 오시며, 하나님의 백성들을 다 모으게 됩니다.

우리는 주님이 오시고 천사들이 나팔을 불 때 나도 그 반열에 참여할수 있기를 원합니다. 우리는 항상 준비하는 생활이 필요합니다.

· 나는 얼마나 준비되어 있습니까?

영적 무감각과 예수 그리스도의 재림

마 24:37-51

예수 그리스도의 재림을 기다리는 성도들이 해야 할 일은 정신을 차리고 깨어있는 것입니다. 언제 오실지 모르기에 항상 깨어 준비된 상태에 있어야 합니다. 그래서 영적인 무지와 무감각에 빠지지 않도록 해야 합니다.

예수 그리스도의 재림의 때가 노아의 때와 흡사하다고 했습니다. 영적인 일에 관심은 없고 육적인 일, 특히 먹고 즐기는 일에 빠져 있게 된다는 것입니다. 그러므로 예수 그리스도의 재림과 심판이 임하기 전에는 깨닫지 못한다는 것입니다.

예수님이 오시면 구별 작업이 시작됩니다.

신자와 불신자를 구별해서 차별 대우를 하게 됩니다. 데려가고, 버려두는 차별입니다. 복 있는 자와 복 없는 자의 차별입니다.

우리가 항상 조심해야 할 것은 먹고, 입고, 즐기는 일 때문에 영적으로 무지해지지 않도록 해야 할 것입니다. 항상 영적으로 깨어 있고, 항상 준비하는 생활이 이루어져야 할 것입니다.

· 나는 예수 그리스도의 재림을 얼마나 기다리며 준비하고 있습니까?

천국과 열 처녀 비유

마 25:1-13

열 처녀 비유에서는 슬기로운 자가 되라는 사실이 강조됩니다. 그러면 슬기로운 자가 누구냐 하면 항상 준비하고 있고, 깨어 있는 자입니다.

중동지방의 결혼식은 주로 밤에 행해졌다고 합니다.

신부의 친구들이 결혼식 장소인 신부의 집으로부터 크게 멀지 않은 곳에서 신랑을 기다리게 되어 있습니다. 대개의 경우 신랑이 일찍 오지만 가끔 신랑이 지참금 준비 문제로 늦어지는 경우가 있다고 합니다.

이때를 대비해서 슬기로운 처녀들은 준비하고 기다렸습니다. 그러나 미련한 처녀들은 예상밖에 일어날 일에 대하여 대비하지 않았다는 것입니다.

천국을 잔치집으로 자주 비유한 것은 사실 천국이 잔치집과 같이 만나고, 배부르고, 즐거움이 있기 때문입니다. 성도들이 영적으로 깨어 있는 것과 준비하는 삶을 언제나 계속 되어야 하는 것입니다.

· 우리는 오늘도, 이 주간도 준비하는 생활을 합시다!

준비하고 깨어 있으라

마 25:14-30

천국에 대한 비유가 계속되는데 열 처녀 비유에서는 준비하고, 깨어 있어야 한다는 사실을 강조합니다.

즉 현재의 생활과의 관계를 많이 강조합니다.

그리고 달란트 비유에서의 자신의 임무에, 즉 사명에 충성해야 된다는 사실을 강조합니다.

주님은 우리 각자에게 엄청난 은사를 주셨습니다. 한 달란트는 6천 데나리온입니다. 한 데나리온은 품꾼의 하루 품삯의 임금입니다(마 20:1-2).

그러니까 6천 데나리온은 한 평생 월급을 한푼도 쓰지 않고 모은 금액이라고 할 수 있습니다.

주님은 이렇게 우리 각자에게 많은 은사를 주셨다는 의미입니다. 주인은 종의 역할과 재능을 알기 때문에 주인이 알아서 맡겼습니다.

여기 달란트는 상이 아니라 길이며, 임무며, 책임입니다. 문제는 열심히 노력하느냐, 그렇지 아니하느냐가 문제입니다. 그저 주신 명 때문에 충성해야 합니다.

인간의 사고 방식이나 약은 수법은 주님의 뜻이 아닙니다. 나는 얼마나 열심이며, 순종을 잘하느냐 반성해야겠습니다.

나눔의 심판

마 25:31-46

마지막 때는 하나님께서 양과 염소를 구별하듯이 구별해서 나눈다는 사실을 가르치고 있습니다.

영생에 들어갈 자와 영벌에 들어갈 자를 나눈다는 것입니다. 마치 양과 염소를 구별하듯이 나눈다는 것입니다. 그것은 차별 대우를 하기 위해서입니다.

오른편은 양과 같은 신자와 왼편은 염소같은 신자입니다.

오른편은 예비된 나라에 들어갈 수 있는 영광이 주어집니다. 왼편에 있는 자들은 마귀와 그 사자들을 위해 예비된 영원한 불에 들어가게 된다고 했습니다.

구별의 기준은 사랑을 실천한 자와 그렇지 않은 자들입니다. 이것은 구원 받은 믿음을 가진 자들은 그들의 삶을 통해 예수 그리스도를 증거하게 된다는 것입니다.

믿음으로 사는 자들은 주변에 가난하고 헐벗은 자들에게 관심을 가지게 된다는 것입니다. 우리는 삶을 무시하면 안됩니다. 믿음 따로 생활 따로가 아닙니다.

야고보 사도는 행함이 없는 믿음은 죽은 믿음이라고 했습니다. 행함이 있는 믿음이 산 믿음입니다.

· 우리는 지금 어떻게 살아가고 있습니까?

좋은 헌신

마 26:1-13

본문 6~13절에 보면 한 여인의 헌신적인 행동은 요한복음 12:1~11에도 기록된 사건으로 유월절 엿새 전에 베다니에서 있었던 일입니다. 예수님은 이 여인의 헌신이 예수님의 장사를 준비하는 헌신이었다고 칭찬하셨습니다.

제자들은 이 여인의 행동을 무모한 낭비로 보았습니다. 그러나 예수님은 크게 칭찬했습니다. 제자들은 구제보다 예수님을 위해 하는 헌신이 더 중요하다는 사실을 깨닫지 못했습니다.

우리는 때로 무지가 순수한 헌신을 오해하고 괴롭힐 수도 있는 것입니다.

이 여인은 예수님의 죽으심을 알고 믿었습니다. 평소에 예수님의 말씀에 귀를 기울였고 주님을 위해 마지막 헌신의 기회를 놓치지 않고 최선의 정성을 다했던 것입니다. 언제나 십자가 앞에서 도망가는 자와 헌신하는 자가 나타나게 되는 것입니다.

우리는 예수님의 말씀과 뜻에 귀를 기울여야 하며 영적인 깊은 통찰력이 있어야 되는 것입니다.

· 나는 예수님께서 칭찬 받을만한 헌신이 있었습니까?
· 주님의 뜻에 관심을 가지고 귀를 기울이고 있습니까?
· 주님을 위해 보람된 일을 하고 싶지는 않습니까?

제자 속의 가라지

마 26:14-25

예수님의 기억에 남는 헌신자가 있는가 하면, 차라리 나지 않았으면 좋을 뻔한 배신자의 행동도 있었습니다. 제자들이 예수의 시키시는 대로 순종하는 가운데(19절) 예수를 팔 기회를 노리는 불량품 제자, 즉 곡식속의 가라지가 생겨나게 된 것입니다.

예수님은 성경에 예언한 대로 죽으시지만 예수를 파는 자에게는 화가 있을 것이라고 경고하셨습니다. 가룟 유다가 예수를 따라 다닌 것은 육신적인 목적이었습니다.

그러나 그것이 좌절될 때 본색이 드러나게 된 것입니다. 욕심은 이처럼 무서운 것입니다. 욕심은 신앙에로의 가장 큰 장애물입니다.

아담과 하와가 욕심을 부리다가 범죄하게 된 것이고, 천사가 욕심을 부리다가 타락하게 된 것입니다. 그 많은 기적과 예수님의 사역에 동참한 자가 예수를 판다는 것은 있을 수도 없는 일이지만 욕심에 사로잡히면 이런 무서운 결과를 가져오는 것입니다.

욕심 때문에 부모도, 처자도 버리고 형제도 죽이기도 하지 않습니까?

유다는 제자들과 백성들 몰래 예수님을 체포하도록 정보를 제공해 주기로 하고 돈을 받았습니다.

· 우리는 욕심 때문에, 또는 물질 때문에 믿음과 신의를 저버리지는 않았습니까?

성찬식의 제정

마 26:26-35

예수님께서 유월절 만찬을 나누시면서 성찬식을 거행하셨습니다.

예수님은 무교절의 떡을 자신의 몸이라고 하셨습니다. 이스라엘 백성들이 애굽에서의 고난과 거기서 해방된 일을 기념하는 것과 같이 이제 예수님이 십자가에 죽으심으로 성취되는 참 구속을 기념하는 의식을 거행하신 것입니다.

떡과 잔은 예수님이 고난당하신 몸과 흘리신 피를 기념하는 것이었습니다.

이스라엘 백성들이 유월절에 어린 양을 잡아 속죄 제사를 드렸습니다. 마찬가지로 예수님의 십자가의 죽음을 인류의 죄를 대속하기 위해 흘리시는 어린 양의 피가 되는 것입니다. 성찬식은 주님과 분가분리의 관계를 맺는 언약의 예식입니다.

그리고 성찬식에 참여하므로 주님과의 관계를 깊이 인식하고 주님의 은혜를 진심으로 감사해야 할 것입니다.

기독교는 구원의 종교요 용서의 종교입니다. 우리의 힘으로 구원받을 수도 없고, 우리의 노력으로 영생을 얻는 것도 아닙니다.

예수 그리스도의 대속과 죄에서 용서함을 주시고, 소망을 주시옵소서. 예수님의 이름으로 기도 드립니다. 아멘.

겟세마네 동산에서의 기도

마 26:36-46

예수님은 종종 겟세마네 동산에 올라가 기도하셨습니다.

오늘은 제자들과 함께 가서서 시험에 들지 않도록 기도하라고 지시하시고 따로 혼자서 열심히 부르짖었습니다. 예수님도 사람의 몸을 입으신 육신인지라 십자가의 고난이 끔찍 했습니다.

예수님은 무서운 갈등과 고민 속에서 하나님의 자비와 사랑을 호소하는 기도를 했습니다. 하나님의 구원의 역사는 죄의 결과인 고통을 대신 짊어지는 과정을 거쳐야 하는 것이 하나님의 뜻이었습니다. 그러므로 두 번째 예수님의 기도는 각오와 결단의 기도였습니다. 우리는 그 어떠한 기도보다도 하나님의 뜻에 순복하겠다는 결단의 기도가 필요합니다.

기도 없이는 시험을 이길 수도 없고, 하나님의 뜻대로 순종하겠다는 결단도 할 수 없습니다.

육신의 각오는 여지없이 실패하고야 말았습니다.

지금도 주님은 성령으로 통해 시험에 들지 않도록 기도하라고 권하십니다.

우리는 열심히 그리고 간절히 기도를 많이 하여 날마다 승리하시기를 바랍니다.

예수를 잡는 자들

마 26:47-56

예수님은 하나님의 뜻을 받아 들였습니다.

그것이 바로 성경대로 이루어지는 길이요, 선지자들의 길을 이루어지게 하는 길이 었습니다.

돈에 눈이 어두워진 가룟 유다는 예수님이 기도하는 장소를 찾아와 예수님께 입을 맞추며 인사했습니다. 그리고 대제사장들과 백성의 장로들에게 파송된 큰 무리가 검과 몽치를 가지고 왔습니다.

마치 강도를 잡는 것 같이 예수를 잡았습니다.

제자중 가룟 유다는 예수를 팔고, 제자들은 다 도망가고, 무리들은 검과 몽치를 들고 와 예수를 잡았습니다. 예수님은 하나님의 뜻을 이루기 위해서 인류의 죄를 짊어지기 위해서 손해가 오고 고통이 와도 주님의 뜻에 순종했습니다. 하나님의 뜻은 저절로 이루어지는 것이 아니라 고통과 순종을 요구합니다.

하나님의 일은 인간의 방법으로 이루어지는 것이 아닙니다.

· 우리는 하나님의 뜻을 이루기 위해 얼마나 희생하고 순종합니까?

· 어려운 일이 올 때 도망갑니까? 희생을 각오합니까?

· 우리는 예수님을 따릅니까? 예수님을 잡아 끌고 갑니까?

불법 심문과 베드로의 부인과 회개

마 26:57-75

대제사장들과 온 공회가 진실을 찾아내기 위한 재판이 아니라 억지 죄목을 찾아내거나 뒤집어 씌어서 죽이려고 하는 불법 재판이었습니다.

예수님은 거짓 증인의 증거에 대해서도 자신의 결백을 주장하지 아니하셨습니다.

이사야 선지자가 예언한 이사야 53:7의 말씀대로 도살장으로 끌려가는 양처럼 입을 열지 아니했습니다.

그러나 예수님은 자신이 그리스도라는 사실에 대해서는 당당히 대답하셨습니다. 제사장들과 공회원들은 예수님의 고백을 듣고도 오히려 모욕했습니다. 어용 청중들은 예수님을 십자가에 못박아 죽여야 된다고 했습니다. 항상 역사의 모순과 오점은 이용을 당하는 청중입니다. 간악한 지도자들의 술수에 어리석은 청중은 이용당하는 것입니다.

베드로는 이런 험악한 분위기의 위압에 그만 계집종의 질문에도 예수를 모른다고 저주하고 부인하고야 말았습니다. 그러나 그는 결국 닭우는 소리를 듣고 예수님 말씀이 생각나서 울면서 회개했습니다. 기독교는 회개하는 사람에게는 과거를 묻지 않습니다. 하나님은 회개하는 베드로를 크게 쓰셨습니다.

우리는 영적으로 우둔하면 항상 이용당한다는 것과 기도하지 않으면 시험에 든다는 사실을 알아야 합니다.

가룟 유다의 후회

마 27:1-14

대제사장들과 장로들이 예수를 죽이기 위해 수단과 방법을 가리지 않고 공모하고 계략을 꾸몄습니다.

특히 그들은 예수님에게 신성 모독죄로 사형을 선고했습니다.

그러나 산헤드린 공회는 사형을 선고했지만 사형을 집행할 권한이 없으므로 로마 총독에게 그 심문과 집행을 넘기게 됩니다.

총독이 네가 유대인의 왕이냐고 물을 때, 예수님은 네말이 옳다고 시인하셨습니다.

이것은 예수님이 온 우주의 왕이시기 때문이며 동시에 유대인의 왕이 되심을 드러낸 것입니다.

가룟 유다는 때늦은 후회를 했지만 사죄 받을 길이 없었습니다. 그는 대제사장과 장로들을 찾아가 회개할 것이 아니라 예수님께 찾아가 용서를 빌어야 할 것입니다. 욕심으로 인해 사단의 유혹을 받으면 엄청난 죄를 짓게 되는 것입니다.

문제는 철저하게 믿음을 방해하고 차단함으로 끝내 자살을 했으나 사죄의 은총은 받지 못했습니다.

· 우리는 욕심이 얼마나 믿음을 방해하고 있다는 사실을 알고 있습니까?

· 우리는 잘못의 결과로 인해 파멸이 오기 전에 회개할 줄 아는 현명함이 있습니까?

우리는 후회하지 말고, 회개해야 할 것입니다.

하나님을 두려워 아니하는 자들

마 27:15-26

예수님이 십자가에 달리시게 되고 죽으실 때 대혼란이 오게 됩니다.

유다는 자신의 잘못을 후회하며 성소에 은을 던지고 자살했고, 빌라도는 가장 큰 오점을 남긴 재판을 하게 되었습니다. 하나님은 빌라도의 아내에게 꿈을 주어 빌라도의 잘못을 깨닫게 했으나 끝내 괴로워하기만 하고 결단의 행동이 없었습니다. 뿐만 아니라 백성들은 자신의 어리석은 행위에 대하여 그 책임을 자손들이 질 것이라고 큰소리 쳤습니다. 이들은 하나님의 심판이 얼마나 무섭다는 사실도 모른 채 군중의 분위기에 휩쓸려 이성을 잃은 행동을 하게 되었던 것입니다(모든 비극과 문제는 정직과 성실의 빈곤에서 오는 것입니다), 흑암의 세력이 세상을 지배하는 모습입니다.

· 우리는 하나님을 두려워하는 생활이 되어야 될 줄 압니다.

십자가를 지시고 십자가 위에 달리심

마 27:27-44

예수님은 분명한 정신으로 십자가를 지시고 고통당하셨습니다. 육체적인 고통을 낱낱이 체험하셨습니다.

우리가 받아야 할 육체적 고통을 몸소 다 체험하시고, 짊어지시고, 그리고 십자가에서 피흘리셨습니다.

십자가에서 죽는 것은 하나님의 뜻입니다. 십자가에서 사는 것은 하나님의 뜻이 아닙니다. 하나님은 우리에게 희생을 요구하십니다.

어려운 사회 속에서도 세상의 빛과 소금 되기를 원하십니다.

우리는 십자가 없이 무엇을 이루겠다는 생각을 버려야 하는 것입니다.

가정이나, 사회나, 직장이나, 이 나라 이 민족을 위해 무엇을 할 것인가를 생각해야 합니다.

하나님의 아들 예수

마 27:45-54

예수님이 십자가에서 운명하실 때 온 땅에 어두움이 임해지며 하늘에서 큰 슬픔임을 증거하셨습니다. 이것은 하나님의 구원 계획에 의해 이루어지는 필연적인 과정이지만 아들의 죽음을 차마 묵과할 수 없어서 일시적인 현상을 일으키신 것입니다.

예수님께서 짊어지신 죄가 너무나 많고 더럽기에 하나님 아버지마저 외면하셨던 것입니다. 예수님의 신분은 죄를 짊어진 죄인의 신분이 되었던 것입니다.

예수님이 죽으실 때 일어난 자연계와 성전에서 일어난 일은 예수님의 죽음이 온 세상에 얼마나 큰 영향력을 미치는가를 보여 주는 것입니다. 그 결과 이방인 백부장이 예수님은 진실로 하나님의 아들이었다고 고백하게 된 것입니다. 진리는 끝내 승리하게 됩니다. 하나님은 기여코 영광을 받으십니다. 하나님은 우리 아버지 되시고 예수는 하나님의 아들 우리의 구세주 되심을 드러내어야 합니다.

장사되신 예수님

마 27:55-66

예수님은 십자가 위에서 운명하셨습니다.

그때 그 동안 노출되지 않았던 한 부자인 제자가 나타났습니다.

그는 주위의 시선에도 아랑곳하지 않고 용감하게 시신을 거두고 자기 무덤에 장사했습니다.

하나님께서는 자기의 신분 때문에 제자라는 사실을 숨기면서 예수님을 믿어 오던(요 19:38) 아리마대 사람 요셉에게 믿음을 더 하셔서 예수님의 시신을 장사 지내게 하신 줄 믿습니다. 사실 우리는 하나님이 힘 주시지 아니하면 위기가 올 때 아무것도 할 수 없는 것입니다. 인간적으로 생각할 때는 아무도 없어도 하나님께서는 숨겨둔 일꾼이 있는 것입니다.

여자들은 남자들과는 달리 주목의 대상이 아니기에 신변의 위험을 크게 느끼지 않기 때문에 멀리서라도 죽음을 지켜 보고 무덤을 지킬 수 있었습니다.

대제사장들과 바리새인들이 함께 빌라도에게 모여 예수님이 살았을 때 부활하신다고 하던 사실을 기억하면서 제자들이 시체를 훔쳐가서 부활하셨다고 소문을 퍼뜨리지 못하게 경비병을 동원해서 지키게 했던 것입니다. 하나님은 이러한 모든 일들을 통하여 하나님의 계획을 차질없이 진행시켜 나갔던 것입니다. 이 세상의 모든 것은 결국 하나님의 섭리 하에 이루어지고 있다는 사실을 믿어야 할 것입니다.

예수님의 고난

마 26:1-30

예수님이 이 땅에 오신다는 자체가 고난이시다.
신이 인간의 몸을 입으신 고난(체질의 고난)
신이 인간의 몸을 입으신 고난(환경의 고난)
의인이 죄인되신 고난(영적인 고난)
그러나 이제 한걸음 더 나아가
1)배신의 고난과 괴로움 - 유다의 배신
2)회개치 않는 괴로움
3)괴로움 속에 찬송하시는 예수님
4)죽으러 가는 예수님

· 고난의 승리자가 신앙 승리자와 인생 승리자입니다.

예수님의 부활과 분부

마 28:1-15, 20

부활하신 예수님은 이제 필요한 자들에게만 나타나시고 보이셨습니다.

거짓말 하는 자들은 끝까지 거짓말 하려고 수단과 방법을 가리지 않았습니다.

그리고 돈에 눈이 어두운 자들은 거기에 가담했습니다.

믿어지는 자는 믿고, 의심하는 자는 끝까지 의심했습니다.

부활의 주님을 만난 자가 해야 할 일이 무엇입니까?

전달 - 모든 족속에게

제자 삼으라

세례를 주라

가르치라는 분부였습니다.

세계는 부활을 믿는 자와 믿지 않는 자 두 부류로 나누어집니다. 믿지 않는 자 중에는 너무나 확실한 부활을 보면서도 회개는커녕 음모를 꾸미고 믿지 아니하는 자들이 있습니다.

부활을 믿는 자는 주님의 분부에 순종하는 것이 우선되어야 될 일입니다.

그러면 주님이 도와 주실 것입니다.

II. 마가복음 강해

예수님은 하나님의 아들이시다

막 1:1-20

마가복음은 마가 요한에 의해 기록되었고 사복음중 가장 먼저 기록되었습니다. 마가복음은 예수님의 교훈보다는 사역 중심으로 기록하고 있고, 주로 주님의 말씀에 즉시 순종할 때 기적이 일어난 사건에 대하여 기록했습니다.

특히 예수는 하나님의 아들이시다는 사실을 강하게 강조합니다.

먼저 세례 요한이 증거했습니다. 그리고 예수님이 세례받으실 때 성령이 내려 오시고 이를 하나님이 증거하셨습니다.

그리고 예수님의 사역이 시작되기 전에 준비 기도부터 먼저하시고 사단의 시험을 이기시고 본격적으로 사역이 시작되었습니다.

예수님은 회개하라는 말씀과 때가 찼다는 말씀을 강조하셨습니다. 그리고 사역의 시작과 동시에 제자들을 부르신 것은 예수님의 계획이 장기 계획이었고 체계적이었음을 알 수 있습니다.

· 나는 예수님을 하나님의 아들로 믿는가?
· 하나님의 아들로 믿는다면 우리의 삶에서 그 증거가 나타나고 있는가?

예수님도 사단의 시험을 받으셨고 또 이기셨습니다.

우리도 기도해야 합니다.

권세있는 말씀

막 1:21-28

예수님이 처음하신 일은 가르치는 사역과 더러운 귀신을 쫓아내신 일입니다.

가버나움 지역에서 시작되고, 주로 가버나움 중심으로 사역을 하셨습니다.

그런데 예수님의 교훈은 서기관들의 교훈과는 달라서 모두 놀랐습니다.

권세있는 교훈이었고, 더러운 귀신이 소리지르며 도망가는 역사가 일어나는 말씀이었습니다.

기독교는 말씀을 가르치는 데서 시작되었고 귀신의 활동을 묶고 누르는데 있었습니다.

귀신이라고 말할 때는 꼭 더럽다는 표현이 나옵니다. 귀신은 몸도, 마음도, 생각도, 영도 더럽게 합니다.

우리도 하나님의 말씀을 그대로 전하면 하나님의 말씀 자체에 능력이 있습니다. 그리고 또 그 말씀을 전하는 자가 누구냐도 중요합니다.

우리의 삶 속에 말씀의 능력이 나타나고 있습니까?

능력의 출처

막 1:29-39

예수님의 능력은 하나님의 능력이었습니다.

시몬의 장모의 열병을 고치셨는데 그가 완치된 후 예수님께 수종들었습니다.

건강 회복의 목적이 무엇입니까? 예수님께 수종들기 위해서입니다.

예수님의 심방 목적은 문제 해결입니다.

그리고 예수님이 손을 잡아 일으켰습니다. 고치고 일으키는 일에는 예수님의 손에 붙잡혀야 합니다.

예수님은 가르치시는 일, 고치시는 일, 더러운 귀신을 쫓아내시는 일이었습니다.

그런데 이런 능력을 나타내기 위해서는 인간의 몸을 입으신 예수님은 기도해야 했습니다. 가르치는 능력, 귀신을 쫓아내는 능력, 병고치는 능력의 배후에는 기도가 있었다는 사실을 명심해야 됩니다.

특히 새벽기도는 능력의 열쇠입니다.

기도로 시작하여 하나님께 먼저 아뢰고 구하는 시간이 가장 복된 시간입니다.

예수님은 전도하러 오셨습니다.

모든 사역은 전도를 위한 것이었습니다.

우리도 기도하면 능력있는 성도가 됩니다.

당신은 영력이 있습니까?

꿇어 엎드려 간구하자

막 1:40-45

40절에 한 한센씨병자가 예수께 왔습니다.

꿇어 엎드렸습니다. 간구했습니다.

그의 태도는 겸손했습니다.

전적으로 매달렸습니다.

그리고 그의 신앙고백이 있습니다.

"원하시면 저를 깨끗케 하실 수 있습니다" 이 말은 내가 아무리 원해도 주님이 원하지 아니하면 안된다는 것입니다.

주님은 못하실 일이 없습니다. 다만 주님이 원해야 됩니다. 41절에 예수께서 민망히 여기셨습니다.

예수님이 불쌍히 여기시고, 예수님이 관심을 가지시면 다 됩니다.

우리는 예수님이 내 인생에, 내 장래에, 우리 가정에, 우리 교회에 관심을 가지시도록 해야 됩니다.

예수님의 관심은 기도하는 자에게,

예수님의 관심은 믿음있는 자에게,

예수님의 관심은 겸손한 자에게,

예수님의 관심은 전적으로 주님께 매달리는 자에게 있습니다.

우는 아이 젖 주듯이 주님의 관심을 모으려고 노력해야 됩니다.

한센씨병은 육체의 감각을 마비시키는 병이요 더러운 병입니다.

우리가 깨끗하게 되면 건강해집니다.

주님께 관심을 끌도록 기도합시다. 기도를 초월한 신앙생활은 없습니다.

죄를 사하는 권세를 가지신 예수님

막 2:1-12

예수님이 가버나움 어느 집에서 말씀을 가르치실 때 많은 사람이 모여 용신도 할 수 없을 정도가 되었습니다.

그때 중풍병자의 친구들도 이 소문을 듣고 중풍병자를 메워 가지고 왔습니다. 아마 병자 본인의 믿음과 친구들의 믿음이 일치한 것으로 믿습니다.

예수님께서는 중풍병자를 메고 온 자들의 믿음을 보시고 중풍병자에게 중풍병을 고쳐 주기 전에 먼저 죄사함을 선언하셨습니다.

중풍병도 고치기 힘드는 병이지만 더더구나 죄를 사하는 권세는 하나님 외에는 불가능합니다.

예수님은 하나님이십니다. 그러므로 죄를 사하는 권세가 있으신 분이시기에 메시아이십니다. 예수님의 사역은 하나님 아들로서의 사역입니다.

그러므로 죄도 사하실 수 있고, 병도 그가 원하시면 얼마든지 고치실 수 있습니다.

어떤 서기관들이 죄사함을 받으라는 말에 의문이 생겼습니다. 예수님은 자신이 죄를 사하는 권세가 있는 메시아임을 강조하시고 중풍병자를 고쳐 주셨습니다.

예수님의 모든 행동은 하나님께 영광 돌리는데 있었습니다.

모든 것은 하나님께 영광을 돌리는데 있습니다.

나는 먼저 하나님께 영광을 돌릴 생각을 하는가 생각해 봅시다.

예수님이 오신 목적

막 2:13-22

예수님은 죄인을 부르러 오셨습니다.

물론 죄인이라는 개념이 예수님과 유대인들의 기준과는 달랐습니다.

세상 사람들이 죄인처럼 취급하는 자들에게도 예수님은 지극한 관심을 가지셨습니다.

예수님 당시에 특히 세리는 창기들과 같이 죄인 취급을 했습니다. 그런데 세리 직을 가진 레위를 부르셨습니다. 우리가 예수를 따르고 믿는데 장애가 되는 것은 아무것도 아닙니다. 다만 예수를 믿고 난 뒤에 버릴 것은 버리고, 끊을 것은 끊어야 되는 것입니다.

문제는 예수님의 부름에 순종하고 있느냐 하는 것입니다.

그리고 18~22절에는 금식문제를 다루는데 금식도 꼭 해야 될 때가 있으며, 사역을 위한 금식이지 사역을 무시한 금식이 아니라는 사실을 교훈하고 있습니다.

· 오늘 교훈과 사건을 통하여 우리에게 주는 교훈은 예수님께 기대하기 이전에 먼저 자신이 해야 할 일이 있고, 기도도 특히 특별기도는 때가 있다는 사실을 교훈하고 있습니다.

지금은 특별기도 할 때가 아닙니다.

안식일의 주인이신 예수님

막 2:23-28

하나님께서 안식일을 제정하신 것은 사람들을 위한 복된 제도였습니다.

예수님께서 제자들이 시장하여 이삭을 잘라 먹은 것을 두둔하려고 하신 말씀이 아닙니다.

바리새인들의 잘못된 안식일 개념을 고치기 위해서였던 것입니다.

두 가지로 강조합니다. 사람이 안식일을 위해 존재하는 것이 아니라 안식일이 사람을 위해 있다는 것과 예수님은 안식일의 주인이라는 사실입니다.

그러므로 예수님이 부활하신 날을 주일로, 또한 안식일로 지키는 것은 너무나 당연한 일입니다. 인간에게는 안식일이 필요한 존재입니다. 그리고 안식일의 주인되시는 주님의 뜻대로 이 날을 지키고 보내야 할 것입니다. 하나님이 우리에게 주신 모든 제도는 우리에게 복을 주기 위한 제도이지 괴롭히려고 만든 제도가 아닙니다.

우리는 안식일을 얼마나 주님의 뜻대로 보내고 있습니까?

한편 손마른 사람과 완악한 무리

막 3:1-6

예수님은 안식일에도 손마른 자를 고치셨습니다.

생명을 구하는 것, 병고치는 일, 선을 행하는 일을 안식일에도 해야 합니다.

5절의 완악한 무리들은 병자가 고침받는 것보다 안식일에 병을 고치는가 안 고치는가 시비 거리를 찾는데 노력했습니다.

마음이 완악하니 기적을 보고도 예수를 어떻게 죽일고 의논했습니다.

오늘도 교회 부흥이나 복음 확장보다는 자기에게 있던 주도권이 넘어갈지에 더 신경을 쓰고 발악을 하는 자들이 없지 않습니다.

우리는 복음을 전하고, 생명을 구하고, 병자를 구원하는 일보다 우선되어야 할 일은 없습니다. 우리는 날마다 회복의 은총을 받고 그리고 마음이 부드러워지도록 노력해야 할 것입니다.

날마다 내 어느 부분에 이상이 생기지 않았나, 마른 부분은 없는 가를 반성하고 마음이 완악해지지 않도록 부드럽게 해야 할 것입니다.

예수님이 제자들을 세우신 목적

막 3:7-19

예수님의 소문이 점점 퍼지니 많은 무리들이 따라 왔습니다.

특히 병자를 고치시고 귀신들린 자를 온전케 하시므로 많은 무리들이 몰려 왔다는 것입니다. 예수님은 많은 무리들 중에서 열두 제자를 선택하셨습니다.

제자들을 불러 선택하신 목적은 예수님과 함께 거하게 하시고 또 보내사 전도도 하게 하시며 귀신을 쫓아내는 권세를 행하게 하기 위해서 입니다(14절).

그런데 제자들을 부르시는데 기준이 있었습니다. 그것은 13절을 보면 '자기의 원하는 자들'을 부르셨다는 것입니다.

지금도 일꾼을 뽑을 때 주님이 원하는 자들을 뽑아야 합니다.

다윗은 하나님이 원하는 일꾼이었습니다.

초대교회 일곱 집사를 뽑을 때도 사도들이 인정하는 자들을 뽑았습니다.

교회는 담임 목사가 인정하는 자들을 뽑아야 합니다.

주님이 원치 아니하는 사울의 말로를 우리가 안다면 믿음없는 자를 뽑지 않을 것입니다.

우리는 우리를 부르신 목적을 알고 있습니까?

주님은 무엇보다 함께 있기를 원합니다.

성령을 훼방하는 죄

막 3:20-30

서기관들은 성령의 역사와 악령의 역사도 분간하지 못하는 자들이 었습니다.

그렇게 전통적으로 믿어오던 성경박사들이 메시아도 모르고, 성령의 역사도 악령의 역사도 분간하지 못하고, 성령의 역사를 귀신의 왕을 힘입어 귀신을 쫓아낸다고 말했습니다.

그래서 예수님이 귀신이 귀신을 어떻게 쫓아내겠느냐고 대답하셨습니다.

그리고 성령을 훼방하는 죄는 사함을 받지 못한다고 하셨습니다.

성령 훼방 죄는 믿지 아니하는 죄입니다.

성령 훼방 죄는 예수를 거부하는 죄입니다.

성령 훼방 죄는 성령 감동을 짓밟아 버리는 죄입니다.

다른 죄는 다 용서를 받아도 회개치 않는 자는 구원할 길이 없습니다.

가룟유다는 3년간 예수님을 따라 다녔지만 예수님을 구주로 믿지는 아니했습니다.

그러므로 용서함을 받지 못했습니다.

우리는 성령의 감동을 무시하거나 예수님을 나의 구주로 믿지 못하는 경우는 없습니까?

예수님의 가족

막 5:31-35

영적인 가족 구성과 육신의 가족 구성은 차이가 있습니다.

육신의 가족 구성은 혈통이나 결혼제도로 통하여 성립되지만 영적인 가족 구성은 하나님의 뜻대로 사는 자이면 누구든지 주님의 가족이 될 수 있다는 것입니다.

사람의 뜻대로 사는 자는 주님의 가족 구성원이 될 수 있습니다.

가장 복된 가족은 예수님의 가족입니다.

하나님의 뜻은 하나님을 믿으므로 영광돌리는 삶입니다. 하나님의 뜻은 우리가 하나님을 믿어 구원받는 것입니다.

하나님의 뜻은 하나님의 복음을 세계 만방에 전하는 것입니다.

믿음이 없이는 하나님을 기쁘시게 할 수 없습니다.

예수님은 우리와의 관계를 먼 관계로 두지 않으시고 가족 관계로 만들어 주셨습니다.

가족은 한 집에 살고, 같이 웃고, 같이 울고, 동고동락하는 것이 가족입니다.

천국은 하나님의 가족이 함께 모여 사는 곳입니다.

우리는 하나님의 뜻대로 살고 있습니까?

씨 뿌리는 비유

막 4:1-20

예수님께서 많은 사람들에게 씨뿌리는 비유로 하나님의 나라의 비밀을 가르치셨습니다. 비유는 깨닫는 자에게 유익하고 깨닫지 못하는 자에게는 그 진리가 감추어지게 됩니다. 예수님은 하늘나라의 비밀을 쉽게 이해하도록 비유로 말씀하셨습니다.

씨는 하나님의 말씀, 복음을 의미합니다.

뿌리는 자는 하나님이십니다. 밭은 씨를 받아들이는 청중을 의미합니다.

같은 하나님의 말씀이지만 받아들이는 자가 어떤 마음으로 받아들이냐에 따라 많은 결실을 할 수도 있고, 그렇지 못할 수도 있습니다.

복음(씨)을 방해하는 것은 유혹입니다.

욕심은 복음을 방해합니다.

욕심의 유혹을 물리치고 하나님의 말씀을 아멘으로 받아들일 때 많은 열매가 맺을 수 있을 것입니다.

나의 마음 밭은 네 종류의 밭 중에 어느 밭에 속할 것입니까?

하나님의 나라의 비유

막 4:21-32

진리는 감추는데 목적이 있는 것이 아니라 드러내는데 목적이 있습니다.

예수님께서 비유로 말씀하심은 쉽게 깨닫게 하기 위함입니다. 그런데도 들을 귀가 없는 자는 깨닫지를 못한다는 것입니다.

24절의 '헤아린다' 라는 말은 계산한다는 의미가 아니라 이해하고 판단할 줄 안다는 것을 의미합니다.

우리는 하나님의 말씀을 주의깊고 성실하게 들어야 합니다.

하나님의 나라는 우리가 알지 못하는 사이에도 신비스럽게 자랍니다.

하나님의 나라는 결실할 수 있는 자체적인 능력이 있습니다.

세상이 아무리 요란하고 악해도 하나님의 나라는 결국 왕성하게 됩니다.

하나님의 나라는 겨자씨처럼 매우 미약해 보입니다. 그러나 나중에는 창대한 나라로 바꾸어지고야 만다는 사실을 믿으시기 바랍니다.

여러분! 우리는 복음의 위력을 믿고 있습니까?
영적인 귀가 열려 하나님의 진리를 깨닫고 있습니까?
하나님의 뜻과 말씀을 이해하고, 그 뜻에 순종하고 있습니까?
결국 하나님의 뜻이 이루어짐을 믿으시기 바랍니다.

창조주 예수님

막 4:33-41

예수님은 창조주이시고 우주 만물을 섭리하시고 지배하시는 분이십니다.

오늘 본문은 날이 저물 때 갈릴리 호수 건너편으로 가는 도중에 광풍을 만났습니다.

갈릴리 호수는 길이가 20km, 폭이12km의 크기로 요단계곡 북쪽에 있습니다.

이 호수는 언덕으로 둘러 싸인 호수이기에 헤르몬 산에서 내려오는 낮은 기류로 인하여 강한 바람이 불고, 거센 파도가 갑자기 일어나는 경우가 많다고 합니다.

제자들은 열심히 노를 젖고 있는데 예수님은 고물에서 주무시고 계셨습니다.

여기에서 몇 가지 진리를 발견할 수 있는데 예수님은 육신을 가지셨기에 사역에 지쳐서 주무셨다는 사실입니다. 제자들이 할 수 있는 일은 제자들에게 완전히 일임하셨다는 것입니다. 예수님이 계시는 데도 광풍이 일어났다는 사실입니다.

예수님은 제자들이 깨워서 일어나셨습니다.

그리고는 우선 바람을 잔잔하게 하셨습니다.

바람과 바다에게 호령하셨습니다.

이것은 예수님은 우주 만물, 모든 자연의 지배자이심을 나타냅니다.

그리고 제자들에게 믿음이 약함을 질책하셨습니다.

제자들은 예수님의 기적이 어느 한 분야에서만 가능한 줄 아는 불안전한 믿음이었습니다. 그런데 믿음이 없을 때 두려움이 온다는 사실을 내포하고 있습니다.

　그리고 마지막으로 우선 풍랑부터 잔잔하게 해 놓은 후 제자들에게 말씀하셨습니다.

· 우리는 예수님을 어떤 예수님으로 믿습니까?
· 우리는 내가 해야 될 일을 예수님께 맡기지는 아니합니까?
· 우리는 예수님이 곁에 계시는데도 무서워하지 않습니까?
· 우리에게 풍랑이 일면 예수님이 함께 안 계시는 줄로 생각하거나 예수님이 함께 계셔도 풍랑이 인다는 진리를 깨닫고 있습니까?

더러운 귀신들린 자를 온전케 하심

막 5:1-20

성령이 존재하듯 악령도 있습니다.

악령이 있다는 것은 악령의 역사가 있다는 의미입니다. 악령은 악한 영이고, 성령은 선한 영입니다. 그러므로 성령에 사로잡히면 선해지고, 악령에 사로잡히면 악해지는 것입니다.

그런데 악령은 인간의 힘으로 이길 수 없습니다.

예수님만이 이길 수 있습니다. 예수를 믿는 자는 예수 그리스도의 이름의 능력으로 이길 수 있습니다. 예수님은 귀신의 세력아래 매여 종살이하고 있는 자를 구원하러 오셨습니다. 귀신의 지배 아래서 구하시고, 하나님의 다스림 아래서 자유케 해주십니다. 귀신이 하는 일은 사람을 더럽게 만듭니다. 인격을 더럽게 하고, 마음을 더럽게 합니다. 그리고 결국은 멸망시키는 일입니다.

귀신도 예수는 압니다. 그러나 회개는 하지 않습니다. 예수를 알면서도 회개치 않는 자는 귀신의 영향 아래 있는 자들입니다.

우리는 우리의 마음 속에 더러운 귀신이 침범하지 못하도록 해야 됩니다. 귀신의 노예가 되지 않도록 노력해야 할 것입니다.

늘 주님과 함께하면 성령이 충만한 삶입니다. 주님과 함께하는 삶이 되기를 바랍니다.

병자와 죽은 자를 고치시고 살리심

막 5:21-43

예수님이 오심은 고치시고 살리시기 위해 오셨습니다.

21~24절은 회당장 야이로의 딸이 거의 죽게 된 상태에 있었습니다. 딸의 아버지인 회당장 야이로가 예수님께 찾아와서 간청했습니다.

발 앞에 엎드려 계속 호소했습니다. 자기 집에 가서 자기 딸에게 손을 얹어 주셔서 살려달라고 했습니다.

25~43절에 보면 가는 도중 그의 딸은 죽었으나 예수님이 다시 살려주셨습니다.

다음 25~34절은 혈루증을 앓는 여인이 혼신의 노력을 다하여 예수님의 옷자락을 만지므로 12년 동안 고생하던 피 흐르는 병이 깨끗이 고침받고 믿음으로 구원받았습니다.

둘다 믿음으로 병이 낫고, 믿음으로 야이로의 딸이 살아났습니다. 죽은 딸의 손을 잡고 일으키셨고 병든 여인은 손으로 옷자락을 만짐으로 나았습니다.

여기서 고치시는 일도, 살리시는 일도 주님이 하셨다는 사실과 야이로의 믿음과 혈루증을 앓는 여인의 마음 그리고 믿음에는 행동이 따랐다는 사실입니다.

살려면, 고침을 받으려면 믿음이 있어야 합니다.

야이로의 딸은 예수님이 찾아갔고 혈루증 앓는 여인은 예수님을 찾아왔습니다.

문제는 예수님을 만나면 기적이 일어난다는 것입니다.

믿지 않음을 이상히 여기더라

막 6:1-6

예수님의 사역이 시작된 후 고향에 가셔서 복음을 전하는 일은 기록상 한 번 밖에 없습니다. 제자들과 함께 고향에 내려가서 회당에서 가르치셨습니다.

예수님의 가르치심을 들은 많은 사람들이 놀랐습니다. 예수님의 지혜와 권능을 듣고 보고 놀랐습니다. 그런데 믿지는 않았습니다.

이것은 예수님의 과거를 너무나 잘 알기 때문에 잘못된 선입관이 있었기 때문입니다. 많은 사람이 과거 때문에 또는 잘못된 선입관 때문에 믿음이 들지 않는 경우가 많습니다. 지금이 중요합니다.

예수님은 저들이 믿지 않기 때문에 몇몇 사람에게만 권능을 행하고, 안수해 주고 고향을 떠났습니다. 그리고 6절에 "저희의 믿지 않음을 이상히 여기셨더라"고 하셨습니다. 사실 어떤 사람은 믿음을 쉽게 받아들이고 어떤 사람은 참 믿음이 안 생깁니다. 그렇게 많은 증거와 경우에 따라서는 실패의 반복, 수많은 경고를 받고도 믿지 않는 자가 있습니다. 사실 믿음은 선물입니다. 여러분! 믿어지는 것 복 중에 복인 줄 믿으시기 바랍니다.

하나님 아버지! 믿음의 복을 주시오니 감사합니다. 기도하시기 바랍니다.

보내시는 예수님

막 6:7-13

예수님께서는 제자들을 부르사 훈련시킨 후 보내셨습니다. 복음을 전파하도록 둘씩 짝을 지어 보내셨습니다. 보낼 때 육신을 위해서는 아무것도 가지고 가지 말라고 하시고 영적인 권능을 주셨습니다. 그리고 그 권능을 사용할 것을 원하셨습니다. 전도는 영적인 전쟁입니다. 더러운 귀신과의 전쟁입니다. 귀신은 나갈 때 꼭 어지럽혀 놓고 문제를 일으키고 나갑니다.

제자들은 주님의 명령에 순종하여 회개하라고 외쳤습니다. 복음증거에는 능력이 따라야 합니다. 불신자의 눈에는 보이는 권능이 필요합니다. 살아계신 하나님을 보여 주지 아니하면 안됩니다.

전도자에게는 담력과 인내입니다.

오늘도 주님은 우리를 세상으로 보내십니다. 권능을 주어 보내십니다. 우리는 담대하게 "회개하고 복음을 믿으라"고 전도해야 됩니다.

· 우리는 매일 전도의 대상을 생각하며 기도하고 있습니까?
· 악령을 쫓아내는 일을 하고 있습니까?

순교자 세례 요한

막 6:14-29

세례 요한은 바른 말을 하다가 순교한 자입니다.

본문에 나오는 헤롯은 헤롯 대왕의 아들로 주전 4년 전부터 주후 39년까지 갈릴리 지역과 베뢰아 지역을 통치했던 분봉왕 헤롯안디바입니다.

세례 요한은 선지자로서의 사명을 다한 자입니다.

그는 하나님의 말씀을 거스르는 일이면 사람의 눈치를 살피지 않고 불의라고 외쳤습니다. 왕이라도 동생의 아내를 자기 아내로 삼은 것에 대해 아무도 말 못하던 시대에 요한은 지적했다는 것입니다.

헤롯은 요한이 잘못이 없는 데도 요한을 죽였습니다. 그러나 예수님의 소문이 들리자 그는 세례 요한이 다시 살아났다고 했습니다. 권력의 힘을 빌려 죄없는 요한의 목을 베었지만 범죄한 자의 결말은 불안과 공포가 따르게 되는 것입니다(15~16절).

여러분! 죄는 결국 드러납니다. 아무리 감추려고 해도 드러나게 되고 경우에 따라서는 하나님이 심판하십니다. 헤롯은 불치의 병에 걸려 비참하게 죽었습니다. 저는 목회하면서 경우에 따라 아무 말없이 그냥 지나는 것은 기도하는 중 하나님께서 다 증거로 보이겠다고 성령이 저의 입을 막으므로 참을 때가 한두 번이 아닙니다. 1년, 2년, 3년 이내에 너무나 확실한 증거가 드러날 때가 한두 번이 아니었습니다.

여러분! 보십시오. 결국 헤롯이 저지른 죄는 자신의 경솔한 약속을 하나님 말씀보다 더 소중히 여기므로 일어났던 것입니다.

범죄자는 형통하지 못합니다.

회개치 아니하면 재산을 몰수해 가고, 재난이 오고, 육신까지 쳐서 다시는 회복의 기회를 상실하게도 하는 것입니다.

연단과 재앙은 근본이 다릅니다.

헤롯이 충이 먹어 죽은 것을 연단이라고 해석하는 자는 한 사람도 없을 것입니다.

가룟 유다의 죽음을 시련이라고 말할 자가 누가 있습니까?

· 우리는 위선과 그때그때의 환경 때문에 하나님의 말씀을 무시한 것은 없습니까?

· 자신의 욕심에 혈안이 되어 교회에 손해를 끼치는 일이 없어야 합니다.

· 하나님이 그냥 두지 않습니다.

· 교회는 주님의 피를 솟아 이루었기에 피를 요구합니다.

오병이어의 기적

막 6:30-44

예수님은 인간을 위해 이 땅에 오셨습니다.

그러기에 인간이 필요한 것은 기적을 행해서라도 채워 주시는 분이십니다.

예수님은 필요를 채워 주시는 분이시지 욕심을 채워 주시는 분은 아니십니다.

본문에 오병이어의 기적은 사복음서 모두 기록하고 있습니다.

이것은 인간의 기본적인 필요가 먹는 것이고, 가난한 유대 민족들에게는 너무나 신비한 기적으로 기억에 오래오래 남지 않을 수 없습니다.

예수님께서 우리의 영적인 필요를 채워 주시는 것은 영적인 목적이지만 육적인 필요도 돌보시는 분이십니다.

사실 영의 양식인 말씀을 먹이는 것은 주님의 사명이었습니다. 그러나 육신의 양식까지 채워 주시기 위한 사명은 아닌 줄 압니다. 그래서 제자들에게 너희가 먹을 것을 주라고 하셨습니다. 그러나 제자들의 능력으로는 그만한 먹을 것을 구할 수 없었기에 주께서 기적을 베푸신 줄로 믿습니다.

기독교는 육신의 문제와 전혀 상관 없는 존재가 아닙니다. 다만 육신이 궁극적인 목표가 아닐 뿐입니다. 우리는 이 시대의 영적으로 육신적으로 굶주린 자를 책임질 수 있습니까?

· 우리는 영적인 요구나 육신적인 요구에 대하여 무관심하지 않았습니까?

기도와 사역

막 6:45-56

예수님은 오병이어의 기적을 행하신 후 다시금 산으로 올라가 하나님과의 영적인 시간을 가지셨습니다. 우리는 성공 뒤에 기도를 게을리하기 쉽습니다. 그러나 예수님은 아무리 피곤하고, 복잡하고, 분주해도 기도시간, 영적인 시간을 등한시 하지는 아니했습니다.

기도로 뒷받침하지 않는 사역은 오래가지 못합니다. 변질되거나 세속화 되어 버립니다. 예수님이 기도하는 시간에 제자들은 열심히 노를 저어 게네사렛 땅으로 가는 길에 심한 풍랑을 만나 고생하고 있었습니다.

이때 제자들이 위험한 지경에 이르렀을 때 예수님은 바다 위로 걸어가 바람과 바다를 잔잔케 해 주셨습니다.

주님은 항상 우리의 문제 해결에 관심을 가지고 계신 분이십니다. 그러나 제자들은 또다시 능력의 예수님을 제대로 깨닫지 못하고 있었습니다. 그것은 그들의 마음이 둔해졌기 때문이라고 성경은 가르치고 있습니다. 마음이 둔하면 깨닫지 못하고 믿음이 자라는데 상당히 지장이 있습니다.

· 우리는 마음이 둔하지 않습니까?

교만, 욕심, 악령, 죄는 마음을 둔하게 합니다. 그리고 예수인지 유령인지 모르게 합니다.

유전이 신앙보다 더 중하지는 않다

막 7:1-9

예수님과 제자들은 바리새인들의 비판 때문에 계속 고난을 당했습니다. 제자들 중 몇 사람이 손을 씻지 않고 식사한다고 바리새인들이 시비를 걸어왔습니다.

정말 바리새인들은 예수님과 제자들을 피곤하게 만들었습니다.

예수님은 하나님의 말씀을 지키지 아니하면서 장로들의 유전을 지키기에 급급한 앞뒤가 맞지 않는 바리새인들의 외식을 지적하셨습니다.

예수님은 바리새인들에게 성경을 인용해 그들의 잘못된 신앙을 지적하셨습니다.

우리는 모든 것을 중심으로 해야 합니다.

중심이 없고 신앙이 없는 형식은 생명없는 종교 풍속이 되는 것입니다. 외식자일수록, 자신이 제대로 못하는 사람일수록 타인을 살피는 데 익숙합니다.

물론 외모도 깨끗이 해야 됩니다. 그러나 그것이 중심에서 나온 것이어야 합니다.

우리는 바리새인들처럼 전통을 말씀보다 더 중요하게 여기지 않습니까? 자기의 생각을 더 중요하게 여기지 않습니까? 자기의 생각을 하나님의 생각보다 더 옳다고 생각하지 않습니까?

· 나는 외식적인 신앙생활을 하지 않는가?

· 하나님의 말씀보다 전통이나 자기 생각을 더 중요시하지 않는가?

진심이 무엇이냐? (속에 든 것이 무엇이냐?)

막 7:10-23

바리새인들의 잘못된 신앙은 장로들의 유전을 지키는 일에 열심히 하면서 부모 존경은 등한시 했습니다. 바리새인들의 외식은 심각했습니다.

부모 공경은 하나님께서 주신 계명입니다.

그런데 바리새인들은 하나님께 다 드리고나니 부모님 섬길 것이 없다고 했습니다.

사실 입 속으로 들어가는 것이 더러운 것이 아니라 속에서 나오는 것이 더럽습니다. 그러므로 속에 무엇이 들어 있느냐가 중요합니다.

마음이 깨끗하고 양심이 깨끗하고 거짓이 없어야 됩니다. 속에는 배설물 같은 더러운 것이 꽉 차 있는데 겉으로 거룩한 척하고 외식을 해도 그것은 아무 소용이 없습니다. 특히 하나님은 속지 않으십니다.

우리는 늘 속을 청결케 하는 일을 해야 합니다. 말씀과 회개로 성령을 마음에 모시고 살면 속이 청결케 되는 것입니다.

· 지금 나의 속은 어떠합니까?

더러운 영이 속에 있으면 더러운 것이 나옵니다.

이방인 수로보니게의 믿음

막 7:24-30

예수님의 소문은 이방인에게도 널리 퍼졌습니다.

소문은 듣고도 믿음이 생길 수 있습니다.

정확한 소문, 복된 소문은 믿음을 자라게 하는 원동력이 됩니다.

수로보니게 족속인 한 여자가 예수님께 나아와서 엎드려 간구했습니다. 수로보니게는 수리아 지방에 있기 때문에 구분하기 위해 수로보니게라고 한 줄로 압니다

이 여인의 딸이 귀신이 들렸습니다. 더러운 귀신이 들렸습니다. 그 문제를 예수님께 갖고 나왔습니다. 그런데 듣던 소문과는 달리 예수님은 너무나 냉정하셨고, 이방 여인을 개 취급하는 투의 말까지 하셨습니다. 그러나 이 여인은 예수님의 말보다 예수님 자신에 대한 기대를 절대 버리지 아니했습니다.

예수님은 이 여인의 믿음을 떠보기 위해 본심이 아닌 말을 하셨습니다. 그러나 이 여인은 좌절하지 않는 믿음으로 끝까지 예수님께만 기대를 걸므로 문제 해결을 받았습니다.

· 우리의 믿음은 적극적인가?

· 끈질긴 기도인가?

· 좌절하지 않는 믿음인가?

· 믿음대로 될 줄 믿습니까?

에바다 (열려라)

막 7:31-37

예수님께서 귀먹고 말이 어눌한 자를 고치시면서 '에바다' 라고 했습니다.

에바다는 열려라는 뜻입니다.

예수님은 육신의 입이 열리지 않고 귀가 열리지 않은 자를 향하여 에바다, 즉 '열려라' 고 하셨습니다. 안타까운 마음으로 하셨습니다.

이것은 귀먹고 말못하는 병자를 안타깝게 보시고 하신 말씀이기도 하지만 그때 당시 보리떡 기적을 보고도 깨닫지 못하고 영적으로 열려 있지 않는 자들을 향한 안타까움과 외침이기도 한 것입니다.

우리는 눈이 열려야 합니다. 귀가 열려야 합니다. 입이 열려야 합니다. 마음이 열려야 합니다.

많은 사람들이 눈이 있어도 영적인 세계와 하나님의 뜻을 보지 못하고 귀가 있어도 듣지 못합니다. 입이 있어도 귀가 있어도 말하지 못하고 듣지 못합니다. 입이 있어도 벙어리 개처럼 짖지 못합니다. 오늘 성령께서 탄식하시며 외칩니다. '에바다' 열려라.

· 기도할 때 열리기를 바랍니다.

· 예배드릴 때 열리기를 바랍니다.

· 회개할 때 열리기를 바랍니다.

· 우리는 귀가 열리게 해 달라고, 입이 열리게 해 달라고 기도해야 될 줄 믿습니다.

칠병이어의 기적

막 8:1-13

성경의 기록상으로 많은 무리들을 배불리 먹이신 기적이 두 번 있었습니다. 남자 어른만 5천명이 먹은 기적입니다. 물고기 두 마리와 보리떡 다섯 개로 5천명을 배불리 먹이신 마가복음 6장의 기적은 주로 유대인을 위한 기적이었고, 떡 일곱 개와 작은 생선 두 마리로 4천명을 배불리 먹이신 기적은 주로 이방인들을 위해 베푸신 기적입니다.

예수님은 특히 인간의 삶에 대해 관심을 가지시고 불쌍히 여기셨습니다(2절).

그리고 축복기도 하셨습니다.

그리고 또 꼭 풍족하도록 남게(배부르게) 주셨습니다.

그러나 여기서 명심할 것은 11절~12절에 보면 예수님은 이적이나 표적을 행하는 것이 목적이 아니라, 믿음을 넣어 주는 것이 목적이었음을 발견할 수 있습니다.

즉 예수를 바로 알게 하는데 목적이 있었습니다. 믿음이 들어가지 않는 바리새인들을 향하여 탄식하셨습니다.

· 우리는 믿음을 달라고 기도해야만 합니다.

아직도 깨닫지 못하느냐?

막 8:14-26

예수님은 깨닫지 못하는 것을 제일 안타깝게 생각하셨습니다. 그렇게 가르치고 보여주고 기적을 행해도 깨닫지 못함을 안타깝게 생각하셨습니다.

신앙이 성숙하려면 첫째 단계가 깨닫는 것입니다. 예수님께서 소경의 눈을 뜨게 하셨습니다. 그러면서 영적인 눈이 열려지기를 간절히 원하시는 예수님의 뜻이 담겨져 있는 줄 압니다.

다시 강조합니다. 우리는 깨닫는 은혜를 받아야 합니다. 성령은 깨닫게 해 줍니다.

영의 눈을 뜨게 해 주십니다.

영적인 무지는 예수님의 마음을 안타깝게 하고 성령을 탄식케 합니다.

여러분! 깨달음의 은사를 받으시기 바랍니다.

기도하면 회개로 영이 맑아지고 깨닫는 은혜가 주어집니다.

주님의 뜻과 기대를 깨닫고 나를 향하여 원하시는 뜻이 무엇인지 깨달아야 할 것입니다. 우리는 무지하지 않도록 기도해야 합니다.

주님이 우리를 보실 때 아직도 "깨닫지 못하느냐!" 하는 우리가 되지 않도록 해야 할 것입니다.

자기 신앙고백과 실천

막 8:27-38

예수님은 죽으시려고 오셨습니다.

십자가의 고난과 죽음으로 자기의 사명을 완수하기를 계획하시고 실천하셨습니다.

예수님께서 죽으셔야 될 때가 가까워 오자 제자들의 신앙의 기초가 어느 정도 튼튼하며, 주님을 따르기 위해 어떤 각오가 되어 있는지 확인하고 싶었습니다.

성도는 올바른 신앙고백을 위해 삶의 열매가 따라야 하는 것입니다.

기적만을 보기를 원하고 따라 다니는 자나 예수님을 책잡기 위해 따라 다니는 자에게서는 올바른 신앙고백이 있을지 만무한 것입니다.

제자들의 신앙고백에 대해서 예수님은 만족하셨습니다. 그러나 그 신앙고백의 삶이 이루어 지고 있느냐는 것입니다.

그래서 예수님께서는 예수님을 따르는 자들은 자기를 부인하고 자기 십자가를 지고 나를 좇아야 된다고 하셨습니다.

· 오늘 우리에게는 어떤 십자가가 있습니까?

· 나는 올바른 신앙고백 위에 삶이 이루어지고 있습니까?

신비의 체험

막 9:1-13

예수님께서는 제자들에게 장래의 영광과 예수님의 본래의 영광의 모습을 보여 줄 필요를 느꼈습니다.

그래서 베드로와 야고보와 요한을 따로 데리고 변화산으로 가서서 신비한 체험을 하도록 했습니다.

본문에 나타나 말씀하는 모세와 엘리야는 하나님의 구원의 계획을 이끌어 오는 과정에 대표적인 모습입니다. 모세는 율법을 받은 자요 모세오경을 기록한 자입니다. 엘리야는 선지자 중에 큰 역사를 한 자입니다.

예수님이 이 땅에 오실 때는 사람의 몸을 입고 고난의 종으로 오셨지만 재림 때는 천사장의 나팔소리와 영광스러운 몸으로 오실 것입니다. 성경의 주인공은 예수님이십니다. 모세도 엘리야도 아닙니다. 그들은 예수님의 오실 길을 예비한 자들입니다. 베드로는 신비한 체험에 놀랐습니다.

그러나 명심할 것은 신비한 체험이 육신을 입은 인간에게 늘 계속되는 것은 아닙니다.

우리가 주님이 재림하실 때는 신비한 체험의 현장에서 영원히 있을 것입니다.

우리는 오직 예수님 말씀만 듣고, 예수님만 믿고 따라야 할 것입니다.

기적이 나타나는 믿음

막 9:14-29

예수님과 세 제자가 변화산에서 내려오니 신비한 체험 현장과는 대조적으로 산 아래서는 무익한 변론과 귀신들의 역사가 판을 치고 있었습니다.

그것은 벙어리 귀신들린 아들을 데리고 왔는데 제자들은 귀신을 쫓아내지 못했다는 것입니다.

하나님은 변론하는 자들과는 함께 하시지 않으십니다. 변론은 신앙 없는 자들의 공통적인 태도입니다.

하나님은 믿음 없는 자들과는 함께 하지 않으십니다. 하나님은 상황이나 얼굴이나 분위기를 보시는 분이 아니라 믿음을 보십니다.

하나님은 기도하지 아니하는 자와는 역사하지 않으십니다. 기도하는 자와 함께 하십니다. 노는 시간에 일하고 말하는 시간에 기도하는 것이 낫습니다. 기도는 안하고 변론만하고 앉은 자들과는 하나님은 역사하지 않으십니다.

귀신은 쫓아내어야 되지 달래거나 사정해서 혹은 합의해서 보내는 것이 아닙니다. 귀신은 더럽습니다. 귀신이 들어가면 더럽습니다. 그러므로 멀리해야 하고 쫓아내어야 합니다. 벙어리되고 귀먹은 귀신, 말도 깨닫지 못하고 복된 말, 생명의 말을 할 줄 모르고 귀신의 말만 하는 원수 마귀는 쫓아내어야 합니다. 성령의 역사는 귀신을 쫓아냅니다.

십자가와 섬김

막 9:30-37

예수님은 죽으시려고 오셨고, 섬기시려고 오셨습니다.

예수님의 생애는 섬기는 생애였습니다.

그런데 아직도 변화되지 못한 제자들은 높아지려는데 혈안이 되어 있었습니다.

제자들은 십자가의 죽음을 깨닫지 못했습니다.

깨닫지 못하니까 서로 자리 다툼을 하고 있었던 것입니다.

예수님은 그 당시 천대 받던 어린 아이를 가운데 세우고 어린 아이와 같이 되어야 된다고 하셨습니다. 그리고 어린 아이를 귀중하게 생각하시고 영접하는 것이 곧 예수님을 영접하는 것과 같다고 하셨습니다.

이것은 세상에서 천대 받고, 멸시 받는 자를 귀중하게 여기고 섬기는 자가 하나님의 나라에 큰 자요 진정으로 제자된 자라는 의미로 말씀하셨습니다.

· 나는 섬기는 자입니까?

· 자리 다툼이나 자리에 관심을 가진 자입니까?

· 섬기기는 커녕 남의 것을 빼돌리려 하고 수단과 방법을 가리지 않고 섬김 받으려고 하지는 않습니까?

십자가와 섬김을 모르고, 실천하지 않으면 주님의 제자가 아닙니다.

실족케 말고 협력하라

막 9:38-50

제자는 협력하는 일을 잘해야 되고, 실족시키는 일은 피해야 합니다.

예수님은 예수 그리스도의 이름과 영광을 위하여 하는 일을 서로서로 이해하고 협력하라고 말씀하셨습니다. 우리는 무엇을 하든지 주님의 영광을 위해 해야 되고, 예수의 이름을 드러내어야 합니다.

복음을 위하는 일에는 서로 도와주고 협력하고 화목해야 됩니다. 이단들처럼 믿는 자들을 유혹하거나 자기 교회가 참 교회이고 다른 교회는 나쁘다는 식의 태도나 언어는 버려야 합니다.

낙심된 자나 초신자를 전도하는데 노력할 일이지 남의 교인을 유혹하지 말아야 합니다. 그러나 성경에 어긋나거나 기독교 윤리에 어긋난 행동은 경계하고 가르쳐 주어야 합니다. 문제는 죄짓지 않는데 역점을 두어야 되고, 세상에 빛과 소금의 역할을 잘 감당해야 합니다.

나는 다른 사람을 실족케 한 일은 없습니까?

같은 교인들이나 교회들끼리 시기하고 비난하지는 않았습니까?

비윤리적인 방법이 동원되는 것은 경계해야 합니다.

약한 교회, 어려운 교회를 위해 기도하고 도와 주어야 합니다.

예수님이 교훈하신 가정윤리

막 10:1-16

예수님은 가정윤리에 대하여 우리에게 교훈하셨습니다. 가정의 중요성은 구구한 설명이 필요치 않는 줄 압니다.

가정은 하나님이 세워 주신 제도요 삶의 질서와 근본입니다. 그리스도인들의 올바른 부부 관계는 모든 질서와 윤리의 기초가 됩니다.

하나님께서 남자와 여자를 만드시고, 한 남자와 한 여자만 부부가 되어야 함을 원칙으로 하셨습니다. 그외에 모든 제도는 하나님이 만드신 제도가 아닙니다. 인간이 만든 잘못된 제도일 뿐입니다.

그러므로 정당한 이유 없는 이혼은 정리하십니다.

모세가 받은 이혼법은 아무런 증서도 없이 아내를 버리는 그 당시 풍습을 막으려는 의도였습니다. 그러나 바리새인들은 그 의도를 무시하고 아내에게 트집을 잡아 이혼증서를 써 주고 다른 여자를 아내로 취하는 불의를 저질렀던 것입니다. 오늘 우리 사회는 하나님이 세우신 가정 제도를 무시하고 자신의 불의한 욕심을 채우는 수단으로 이혼을 하는 폐단을 막아야 할 것입니다.

부부는 둘이지만 한 몸이라는 것이 성경의 교훈입니다. 그러므로 나눌 수 없는 것이 원칙입니다.

· 오늘 우리의 가정은 깨끗하고 하나님께 영광을 돌리는 가정이 되고 있습니까?

부자는 하나님의 나라에
들어가지 못하느냐? 어려우냐?

막 10:17-31

어떤 부자가 예수님을 찾아왔습니다.

영생 문제에 대한 인생의 근본적인 문제를 배우기 위해 왔습니다. 예수님께 왔다는 사실도 잘한 것이고, 영생 문제를 깨닫고 배우기 위해 온 것도 잘한 것입니다.

대개의 경우 배부르면 영생이나 내일의 문제에 관심 없고 현실주의로 살게 됩니다. 그런데 이 부자는 계명도 열심히 지켰습니다.

그러나 부자에게는 한 가지 문제가 있었습니다. 계명의 사상을 몰랐습니다. 계명의 사상은 사랑입니다. 하나님 사랑, 이웃사랑입니다. 그런데 사랑은 바로 삶이요 실천인데, 이 사람은 자기의 가진 것으로 가난한 자들에게 주는 사랑의 삶이 없었습니다.

물질주의의 삶이었습니다. 다른 것을 다 해도 물질이 손해되는 행동은 하지 않았습니다. 그래서 부자가 하나님의 나라에 들어가기가 힘들다고 하셨습니다. 사실 유물주의는 항상 예수 그리스도의 복음과 대치되어 왔습니다. 그러나 물질을 복음을 위해, 가난한 이들을 위해 사랑의 실천 재료로 쓰여질 때 없는 것보다 몇 십 배 나을 것입니다.

부자가 하나님의 나라에 못 들어가는 것이 아니라 보편적으로 가난한 자보다는 어렵다는 사실을 알아야 합니다.

· 나에게 간절함이 있습니까?

죽으러 앞서 가시는 예수님

막 10:32-34

유월절이 가까웠습니다. 이번 예루살렘 상경은 예수님의 마지막 상경입니다. 예수님께서 고난당하시고 십자가에 죽으셔야 되시기 때문입니다.

예수님은 죽으시려고 오셨습니다.

예수님은 앞장서서 예루살렘으로 향하셨습니다.

제자들은 놀라고 두려워했습니다. 이때 가룟 유다의 마음이 달라졌을 것입니다.

섬김의 절정은 죽는 것입니다. 섬김은 먼저 앞장서서 하는 것입니다.

누구든지 어려운 일이 있을 때 가룟 유다처럼 마지막을 보면 그의 본심을 압니다.

얼마든지 자기의 목적을 위하여 기도하고, 가식으로 할 수도 있습니다. 그러나 꼬리는 뒤에 드러나는 것입니다.

이단도 끝이 다르다는 의미이고, 사단도 광명한 천사 모양으로 가장하여 나타나지 않습니까?

교회는 섬기는 단체요 봉사 단체입니다.

그러므로 뒤를 따르는 것보다 앞장서야 합니다.

뒤에서 마지못해 따라 가거나, 힘을 합해야 될 때 딴 생각하면 안됩니다.

기독교는 죽어야 사는 종교입니다.

살려고 하면 죽습니다(삼일만에 살아나리라).

3일은 완전히 죽고 이제 썩기 시작하는 때입니다.

완전히 죽어야 삽니다.

· 여러분, 우리는 죽는 일에 앞장섭니까?
· 아직도 덜 죽은 부분, 안 죽은 부분은 무엇입니까?
주여! 죽여 주시옵소서.

어리석은 간구

막 10:35-45

제자들은 아직도 예수님의 말씀의 뜻을 제대로 깨닫지 못하고 세상적인 욕망에 사로잡혀 말씀이 귀에 들리지 않았습니다. 세베대의 아들 야고보와 요한은 예수님을 별도로 찾아왔습니다. 그리고는 강력히 인사 청탁을 했습니다. 예수님이 영광스러운 자리에 오를 때 하나는 좌편에, 하나는 우편에 앉게 해달라는 것입니다. 즉 가장 높은 요직을 부탁하였습니다.

예수님께서는 그들에게 "나의 마시는 잔과 나의 세례를 받을 수 있느냐?" 하실 때 그들은 "할 수 있다"고 했습니다.

그러나 예수님의 대답은 "그들이 예수님의 말씀의 뜻도 모르고 대답한다"고 하셨습니다. 그리고 만일 예수님의 고난에 동참한다고 해도 예수님의 좌우편 자리는 하나님의 주권 하에 있는 것이지, 자신이 선택하고 임명할 권한이 없다고 하였습니다. 우리는 예수님의 말씀에 귀를 기울이지 않으면 영적인 말씀을 육적으로 이해하고, 말씀의 뜻을 깨닫지 못하여 어리석은 간구를 하게 됩니다.

그때 다른 제자들이 이 사실을 알고 분히 여겼다고 했습니다. 다같이 고생해 놓고 높은 자리를 부탁할 수 있느냐는 뜻이겠지요. 기독교는 크고자 하는 자는 작게 되고, 으뜸이 되고자 하는 자는 종이 되어야 하는 것이 기독교의 질서입니다.

그러므로 섬기는 일, 봉사 잘하는 사람을 직분자로 뽑아야지, 일도 안하고 자리만 탐내는 자는 뽑지 않는 것이 예수님의 뜻이요 성경적입니다.

· 나는 섬기는 일에 얼마나 훈련되어 있습니까?

소경의 부르짖음

막 10:46-52

예수님이 예루살렘으로 가시는 길에 여리고를 지나 가셨습니다. 여리고는 예루살렘의 관문입니다.

예수님은 최후의 순간까지 사역에 충실하셨습니다.

대다수의 사람들은 잘하다가도 마지막에는 태만하고 말만합니다.

소경 바디매오는 평소부터 예수님에 관한 소식을 들었던 것같습니다. 그리고 그가 구약에 예언된 다윗의 자손이신 예수님께 나를 불쌍히 여겨 달라고 부르짖었습니다. 그는 예수님이 불쌍히 여겨 주어서 관심만 가지시면 자신의 눈이 뜨일 줄 믿었습니다.

예수님은 이 소경의 믿음을 인정하시고 눈을 뜨게 했습니다.

여러분, 소경은 불치병입니다. 2천년 전에 소경이 눈을 뜨게 하는 의술은 없었습니다. 물론 지금도 그런 의학이 발달되지는 않았습니다. 불가능한 것을 예수님께 부르짖었다는 것은 그의 믿음이었습니다.

예수님께 많은 돈을 요구하지 않고 근본 문제해결을 요청했던 것입니다.

여러분! 우리의 부르짖음에 예수를 어느 정도 알고 있습니까?

우리의 부르짖음에 믿음이 있습니까?

우리의 부르짖음에 예수님이 관심을 가지게 할 수 있는 행동이 무엇입니까?

소경의 눈도 믿음의 기도로 뜨게 되었습니다.

무명의 영광스러운 입성

막 11:1-10

예수님께서 무명의 헌신자의 나귀를 타고 예루살렘에 입성하셨습니다. 어린 아이들로부터 믿는 자들이 "호산나, 호산나" 하면서 환영했습니다.

예수님께서 나귀 새끼를 타고 입성하신 것은 구약의 예언을 이루시려는 것입니다(창 49:10-11, 슥 9:9).

예수님은 시작도 진행도 그러하지만 마지막은 그의 삶의 총결산입니다.

만물의 주인이요 만왕의 왕이신 예수님이 나귀를 타신 것은 끝까지 온유하시고 겸손하신 삶을 우리에게 보여 주신 것입니다.

나귀의 주인이 누구인지 성경에는 기록을 남기지 않았으나 주님을 위해 곳곳에 무명의 헌신자와 순종자가 있었다는 사실을 발견할 수 있습니다.

하나님의 역사는 떠벌리고 수다를 떨면서도 실제로 헌신치 아니하는 자들을 통하여 역사하는 것이 아니라 말없이 순종하고 헌신하는 자들을 통하여 이루어집니다.

교회는 기도하고 바치고 요소요소에서 땀흘리는 헌신자들을 통하여 하나님의 뜻을 이루어가고 있는 것입니다.

예수님을 환영하는 무리들은 예수님이 십자가의 죽음을 통하여 예언을 이루시고, 하나님께 영광을 돌린다는 사실을 모르고 있었던 것입니다. 십자가 없는 영광과 승리를 기대하는 자들은 결국 예수님을 십자가에 죽이라고 외치게 될 것입니다. 나는 예수님께 순종합니까? 나는 온유하고 겸손합니까?

성전은 기도하는 집

막 11:11-24

잎만 무성하고 열매없는 무화과 나무를 저주하신 것은 예루살렘 성전과 이스라엘 심판을 예고하신 것입니다.

외식 종교쟁이와 생명없는 교회 앞에 기다리는 것은 심판 뿐입니다.

성도의 신앙생활의 궁극적인 목적은 열매 맺는 것입니다.

예수님이 예루살렘 성전에 들어가실 때 성전은 예배 드리고 기도하는 집인데 장사꾼들의 영업장이 되어 있었습니다.

그들은 종교라는 이름을 빌려 더러운 이익을 탐했습니다. 예수님은 사랑이 풍성한 분이십니다. 그러나 잘못된 것까지 봐주는 사랑은 아닙니다. 채찍이 없는 부모의 사랑은 결국 자식을 망치는 결과가 오기 때문에 그것을 가지고 올바른 사랑이라고 말할 수는 없습니다.

우리는 성전이 세속화 되지 않도록 해야 되고 성전에서 믿음의 기도를 많이 드려야 할 것입니다. 교회는 어떤 일이 있어도 기도를 쉬거나 기도의 일꾼들이 줄지 아니하도록 해야 할 것입니다.

· 오늘 새벽 나는 신앙의 열매가 얼마나 맺혀 있는가?

· 나는 성전을 더럽히지는 아니했는가 반성합시다.

예수님을 모르는 종교 지도자들

막 11:25-33

모든 문제는 예수님을 모르는 데서부터 출발하는 것입니다.

예수님은 죄를 사하는 권세가 있는 분이시요 성전의 주인이십니다.

뿐만 아니라 예수님은 마귀를 물리치는 권세를 가지신 분이십니다.

그러나 제사장들이나 서기관들 또는 장로들은 이런 영적인 권세에 대해서는 전혀 알지 못하고 기득권만 행세하려고 하는 자들 이었습니다.

사람이 물질과 명예의 종이 되면 세례 요한과 같은 선지자도 알아주지 않고, 하나님이 보내신 선지자의 권세도 인정하지 않는 것입니다.

교회의 세속화는 항상 예수를 모르는 종교 지도자들 때문입니다. 영적인 세계나 예수님에 대한 갈망보다는 자신에게 손해가 올까 두려워하고 기득권을 포기하고 싶지 않아서, 즉 예수보다 다른 그 어떤 것들을 더 중요하게 생각하고 붙들고 있기 때문인 것입니다.

신앙생활은 자신의 죄를 회개하고, 하나님의 거룩한 교회를 보존하는 것입니다.

· 나는 예수님을 어느 정도 알고 있습니까?

· 나는 예수님을 어느 정도 따르고 섬기고 있습니까?

포도원 농부 비유

막 12:1-12

유대 나라에는 포도 농사를 짓는 지역이 많았습니다.

예수님 시대에 지주들이 토지를 차지하고 있는 경우가 많았습니다.

그래서 현지인들에게 자기 땅을 소작하도록 하고 수확을 나누도록 했습니다.

지주가 멀리 있는 외국인인 경우 추수 때가 되면 종들을 보내어 소작료를 거두어 들이곤 했습니다.

이때 종과 소작인 사이에서 수확분 배분 문제로 시비나 충돌이 일어나곤 했다고 합니다.

이와 마찬가지로 악한 농부처럼 바리새인들과 서기관 그리고 장로들은 하나님을 배척하고 끝까지 하나님의 사랑과 기회를 배신했다는 것입니다.

그러므로 심판이 기다리고 있다는 경고의 메시지인 것입니다.

우리는 자신의 욕심에 눈이 어두워 하나님의 뜻을 어기거나 하나님의 사랑을 배신하지 말아야 할 것입니다.

이스라엘 백성들은 하나님의 주권을 인정하지 않는 배신 행위를 했습니다. 그들은 예수 그리스도를 배척하고 죽였습니다.

· 우리는 하나님의 것을 내 것으로 삼키지는 않았습니까?

· 하나님께서 여러 번 기회를 주셨는데 여전히 고치지 아니하므로 심판을 자초하고 있지는 않습니까?

"주님, 나의 모든 것은 주님의 것입니다. 받아 주옵소서!"

말씀을 사모하는 자와 책잡으려고 하는 자

막 12:13-27

예수의 말씀을 책잡기 위해 열심히 따라 다니는 사람들이 있었습니다. 바리새인들과 헤롯당 중에서 첩보요원으로 파송된 자들입니다.

이들은 예수님께 와서 세금 문제로 질문을 했습니다. 질문의 의도는 몰라서 묻는 것이 아니고 책잡을려고 한 것입니다.

예수님께서 세금내는 것이 옳다하면 민족의 반역자가 되고, 황제 숭배를 인정하는 것이 됩니다. 반대로 바쳐서는 안된다고 할 때는 로마에 반역하는 국사범이 됩니다.

예수님은 그들의 올무에 명쾌한 대답을 하셨습니다. 가이사의 것은 가이사에게 주고 인간은 하나님을 숭배하고 그에게 영광을 돌리는 본분을 다하라고 하셨습니다.

두 번째 질문은 부활과 천사의 영적 존재에 대한 문제였습니다. 부활이 없다고 주장하는 사두개인들의 질문에 대해 내세와 영적인 세계에 대해 무지함을 지적하셨습니다. 구약시대의 수혼제도는 땅 분배를 골고루 하기 위한 것이었습니다.

사두개인들은 본래의 의미도 모르고 질문했습니다.

· 나는 말씀을 사모합니까?

· 책잡을려고 합니까?

· 말씀의 의미도 모르고 질문합니까?

계명 중의 계명

막 12:28-37

서기관은 성경을 잘 아는 자들입니다.

서기관 중에 한 사람이 예수님께 "계명 중 첫째가 무엇입니까?"하고 물었습니다.

그때 예수님의 대답은 "네 마음을 다하고 목숨을 다하고 뜻을 다하고 힘을 다하여 주 너의 하나님을 사랑하라"하신 것이요, 둘째는 "네 이웃을 네 몸같이 사랑하라 하신 것이라"고 하셨습니다.

계명의 사상은 사랑입니다. 하나님 사랑과 이웃 사랑입니다.

서기관은 예수님의 대답을 인정했습니다.

그리고 하나님을 사랑하는 것이 제사 의식보다 낫다고 했습니다. 예수님은 그를 칭찬하셨습니다.

제사는 율법의 근본 정신을 표현하는 외적 의식입니다.

그러므로 근본 정신이 지켜지지 않는 껍데기는 아무런 의미가 없습니다.

우리는 예배나, 봉사나, 헌금이나, 모든 신앙의 행위가 사랑의 바탕 위에 실현되어야 하는 것입니다. 신앙생활은 주님을 전적으로 사랑하는데서 참된 신앙생활이 가능합니다.

오늘도 주님을 사랑하는 하루가 되시기를 주님의 이름으로 축원합니다.

외식은 신앙의 가장 무서운 죄입니다.

막 12:38-44

종교가 생명을 잃으면 외식이 발달됩니다.

신앙생활의 모든 행위는 중심에서 시작되어야 합니다. 유대 서기관들은 소경을 가르치는 자입니다. 그래서 그들은 가르치는 자라는 표시가 드러나는 옷을 입기를 좋아하고, 그래서 사람들로부터 '랍비'라는 말을 듣기를 좋아했습니다.

예수님께서는 예루살렘 성전에서 연보궤에 연보하는 것을 예의 주시하다가 과부의 전 재산을 정성껏 드리는 것을 보고 칭찬하셨습니다.

우리는 외식적인 신앙생활에 숙달되지 않도록 노력합시다.

외식에 숙달되면 외식의 잘못을 아예 잊어 버리게 되고, 속이 없는 삶이 습관화되어 버리는 것입니다. 우리는 외식보다 중심을, 허식보다 진실을, 높아지려고 하기보다 겸손을, 대접받기보다 겸손히 남을 대접하는 삶으로 날마다 바꾸어지기를 바랍니다.

말세의 징조

막 13:1-13

본문의 말씀은 예수님의 예언적인 말씀입니다. 이것은 주후 70년에 예루살렘이 멸망할 것을 예언한 내용인 반면 우주의 종말인 예수 그리스도의 재림에 관한 예언이기도 합니다.

성전은 예배 드리고 하나님과 바른 관계를 위한 구별된 장소입니다. 그러나 성전으로서의 역할을 다하지 못할 때 성전이라도 파괴하도록 하십니다. 성전은 하나님과 풍성한 교제를 나눌 때 가치가 있고 보존될 것입니다.

우리는 교회를 통하여 하나님의 뜻이 이루어지도록 기도해야 합니다.

예수님의 제자들은 성전의 내용보다 외형적인 웅장함과 아름다움에 믿음이 끌렸습니다. 우리는 외형적인 면에만 신경을 쓰고 있지 아니합니까?

마지막 때는 사단의 미혹이 발달 합니다. 재난은 종말의 시작입니다.

우리는 고난을 잘 이겨 낼 때 종말을 대비할 수 있습니다.

· 지금 우리의 할 일은 무엇입니까?

환난의 날

막 13:14-27

예수님께서 예루살렘이 멸망할 것과 그날에 당할 환난에 대해서 말씀하셨습니다.

상상도 못할 참혹의 환난이 올 것을 예고하시면서 그날을 피할 수 있는 방법을 말씀하셨습니다. 그리고 이 환난은 마지막 때에 일어날 환난을 상징하기도 하는 것입니다.

그러나 하나님은 자기 백성들을 위해 환난의 날을 감하셨습니다(20절). 그리고 환난을 미리 대비하도록 가르쳐 주셨습니다.

예수님께서 마지막 날에 재림하실 때에는 초림 때와는 다릅니다. 승리의 왕으로 재림하십니다. 이때 하나님의 백성들이 승리의 개가를 부르며 주님 앞에 모일 것이며 완전히 회복되는 역사와 축복이 있을 것입니다.

하나님께서 이방 나라나 군대를 들어 심판하실 때는 아무도 막을 수도, 이길 수도 없습니다.

그러므로 우리는 항상 미리 준비하는 생활이 현명한 생활입니다. 기도하지 않고 말씀으로 무장하지 아니하면 우리는 무서운 환난을 피할 길이 없습니다.

· 나는 얼마나 준비하고 있습니까?

· 무감각한 삶을 살고 있지는 아니합니까?

주 안에서 기념이 될만한 헌신이 무엇인가?

막 14:1-11

주님께서 분명히 칭찬하는 일도 있고 책망하는 일도 있습니다.

하나님은 가인과 그 예물을 받지 않으시고 아벨과 그 예물을 받으셨습니다.

사울은 하나님의 마음에 합하지 아니했고 다윗은 하나님의 마음에 합했습니다.

그러면 주 안에서 기념이 될만한 헌신이 무엇입니까?

1) 6절에 주님께 좋은 일해야 합니다.

2) 3절에 값진 것이어야 합니다(그 사람의 형편).

3) 8절에 힘을 다하여 해야 합니다.

4) 8절에 죽음을 준비할 줄 알아야 합니다.

자기를 위한 값진 것이 아닙니다. 주님을 위해서입니다.

헌신 자를 괴롭게 하지 맙시다.

가난한 자보다 예수님이 먼저입니다.

· 나는 기념이 될만한 헌신이 있습니까?

· 주님께 칭찬 들을 만한 것이 있습니까?

축복의 만찬

막 14:12-25

예수님께서는 제자들과 이 땅에서의 마지막 만찬의 시간을 가지셨습니다.

이 만찬의 시간은 바로 주님의 죽으심과 피흘리심을 기념하는 거룩한 예식이기도 합니다. 그리고 오고오는 세대에 주님이 재림하실 때까지 이 거룩한 예식은 계속하라고 하셨습니다. 예수님은 유월절의 양이 되어 피를 흘리셨습니다.

구약의 유월절은 애굽에서 구원받은 사건을 기억하며 하나님께 감사를 드리는 절기입니다. 그리고 예수님이 새롭게 언약을 갱신하신 성찬식은 죄악에서 예수 그리스도로 말미암아 구원을 받은 백성들이 예수님의 십자가에 죽으심과 피흘리심을 기념하며 감사하는 예식입니다. 예수님께서 축복하시고, 집례하심으로 최후의 만찬은 이루어졌습니다. 성찬식은 성도에게 주어진 축복이요 이 축복을 감사하는 성례입니다.

· 나는 언제나 주님의 은혜를 감사합니까?
· 주님의 죽으심과 피흘리심이 얼마나 엄청난 축복이라는 사실을 아십니까?

아버지의 원대로 하옵소서

막 14:26-42

예수님은 겟세마네 동산에서 고난을 앞두고 기도하셨습니다.

양들을 위해 목숨을 버리는 선한 목자되신 예수님께서 죄인들을 위해 죽으실 것을 생각하니 심히 고민하지 않을 수 없었습니다.

아버지의 구원 계획을 이루시는 것이었습니다.

예수님의 십자가 죽음을 앞둔 순간은 암흑의 밤이었습니다. 제자들은 도망가게 될 것이고, 베드로는 부인하고, 그리고 준비기도를 해야 할 제자들은 육신의 피로를 이기지 못하여 다 졸게 되었던 것입니다.

우리는 때때로 만사형통이 있는 것이 하나님의 뜻인 줄 압니다. 그러나 하나님은 십자가를 통한 구원과 죽음을 통한 부활이 하나님의 뜻임을 발견할 수 있습니다.

고난과 환난, 연단이 무의미한 것이 아니고 하나님의 뜻이요 하나님의 방법임을 알아야 하는 것입니다.

우리는 아버지의 원대로 이루어지기를, 그리고 아버지의 원대로 따를 수 있도록 기도해야 될 것입니다.

내 뜻대로 하지 않고 주님의 뜻에 순종하겠다고 고백해야 할 것입니다.

비진리가 승리한 것 같으나

막 14:43-59

피조물이 창조주를 잡았습니다.

진리가 비진리에게 사로잡혔습니다.

어두움이 끝내 진리를 이기지는 못하겠지만 순간적으로 볼 때 비진리가 승리한 것 같을 때가 있습니다.

예수님은 비진리의 세력들에 의해 범죄자로 취급받아 이사야 선지자의 예언을 이루셨습니다. 예수님은 철저히 성경을 이루는데 순종하셨습니다.

가룟 유다는 거짓으로 예수님께 입맞추었습니다. 제자들은 예상치 못했던 위기를 감당할 능력이 없었습니다.

다 도망갔습니다. 그러나 하나님은 세상에서 실패를 겪는 것 같아도 그것이 바로 승리라는 사실을 깨닫게 해 주시고, 체험케 하십니다. 독이 많은 독사와 독이 없는 뱀을 뱀과의 싸움에서 방울뱀이 독사를 이긴다는 사실을 알아야 합니다. 그것은 방울뱀은 독사의 독에 전혀 영향을 받지 않기 때문입니다. 신자의 승리는 죽음이요, 핍박이요, 패배 같은 승리입니다.

결국은 진리가 승리합니다.

이상과 신앙

막 14:60-72

베드로는 다른 제자들이 다 예수를 버리고 도망가는 극한 상황이 올지라도 자기는 절대로 그렇지 아니하겠다고 호언장담 했습니다. 그러나 막상 극한 상황을 당하고 나니 자기도 모르는 사이에 비겁해 졌고, 급기야는 예수를 모른다고 부인하는 지경에까지 이르게 되었습니다.

아직도 베드로의 혈기는 강했으나 심령은 약했습니다. 그러나 그가 닭우는 소리를 듣고 자신의 잘못과 약함을 한탄하며 울었습니다.

성도가 자신의 잘못을 빨리 뉘우친다는 것이 얼마나 중요한지 모릅니다. 인간은 하나님이 성령으로 도와 주지 아니하시면 영적으로 약합니다.

그래서 실수도 합니다. 그러나 중요한 것은 깨닫고 회개하는 것입니다.

예수님은 자신이 영광 중에 재림하실 때 그를 찌르는 자들도, 그를 정죄한 자들도 다 그를 볼 것임을 말씀하셨습니다. 주님은 사람의 손에 의하여 십자가에 죽으셨지만 메시아이십니다. 하나님의 구원 사역의 과정입니다.

우리는 항상 십자가의 고난이 올 때를 대비하여 기도하고, 성령께 도와 달라고 기도해야 합니다. 인간의 혈기와 각오로 되는 것은 아닙니다.

베드로가 오순절 이후 성령이 도와 줄 때 얼마나 담대히 승리했습니까?

"주님, 나약한 나를 끝까지 붙들어 주옵소서!"

죄인이 의인을 재판함

막 15:1-20

빌라도는 로마인으로서 유대의 총독입니다. 유대를 지배하던 로마였기에 실권은 총독에게 있었습니다. 예수님은 밤새 심문한 산헤드린 공회에 의하여 금요일 새벽 빌라도 앞으로 호송되었습니다.

유대인을 다스리던 로마에서 파견된 점령군 사령관인 빌라도 총독은 예수님의 무죄를 알고도 "유대인의 왕을 어떻게 하랴?"고 도로 유대 제사장들과 백성들에게 물었습니다. 예수님은 선택된 백성의 왕이라는 뜻으로 말했습니다. 청중은 유대 민족의 왕이라고 말하는 줄 오해했습니다.

예수님은 정치적 방법으로 오신 분이 아니라 구원을 주시기 위해 오신 영적인 왕이십니다. 예수님은 죄가 없으십니다. 그러나 인간인 총독이 예수님을 재판했다는 것은 역사적 모순이 아닐 수 없습니다.

대제사장들과 장로들은 예수님을 죄인으로 조작하고 덮어 씌우기 위하여 무리들을 충동했습니다.

판단력이 희미한 어리석은 청중들은 항상 간교한 지도자들에 의하여 이용을 당합니다.

예수님 대신에 바라바가 풀려나고, 예수님은 죄인 아닌 죄인이되어 십자가에 죽으셔야 했습니다.

· 나는 영적 통찰력을 잃지 않았습니까?
· 죄인이 의인을 정죄하는 역사의 모순 속에서 우리가 지켜야 할 십자가는 무엇입니까?

이 사람은 진실로 하나님의 아들이었도다

막 15:26-41

예수님은 무거운 십자가를 지시고 골고다까지 가셨습니다.

예수님은 말할 수 없는 고통을 당하시며, 장시간 고생하시다가 십자가에서 죽으셨습니다. 몰약을 탄 포도주는 일종의 진통제 역할을 하는 것인데 예수님은 마시지 않으셨습니다. 십자가의 고난을 그대로 감하지 않고 받으셨던 것입니다.

예수님은 최후의 순간까지 고통을 당하셨습니다. 그렇게 하심으로 하나님의 계획하신 구원 계획이 이루어진 것입니다.

예수님의 십자가의 죽으심을 지켜 본 자들 중 백부장 한 사람은 "이 사람은 진실로 하나님의 아들이었도다" 하면서 감탄했습니다.

우리도 십자가의 죽으심을 보고 하나님의 아들이었다고 고백할 수 있습니까?

예수 그리스도를 알지 못하고는 복음도, 진리도 깨닫지 못하고, 분별력도 잃어버리게 됩니다. 나는 내가 믿는 예수님이 정말 하나님의 아들이심을 확신하고 고백합니까?

참 믿음의 소유자

막 15:42-47

예수님은 죄 없으신 몸으로 죄인이 되셔서 십자가에서 죽으셨습니다. 제육시는 정오 12시이고, 제구시는 오후 3시 입니다. 죄가 없으시지만 인류의 죄를 대신 짊어지셨기에 죄에 대한 진노와 저주를 받지 않을 수 없었습니다.

예수님은 기절하신 것이 아니라 운명하셨습니다. 실제로 죽으셨습니다.

이렇게 험악한 상황에서 예수님을 가까이 모셨던 자들은 다 도망가고 오히려 감추어져 있던 신자가 담대한 헌신을 했습니다.

우리는 여기에서 평상시에 보이는 믿음을 가지고 너무 단순하게 믿음을 측정하지 말아야 합니다.

공회원인 아리마대 사람 요셉이 당돌하게 빌라도를 찾아가 시체를 달라고 했습니다. 이 사람은 "하나님의 나라를 기다리는 자"라고 성경은 평가합니다.

그러나 여기에서 조심해야 할 것이 있습니다.

순간적으로 도망가고 두려워하고 비굴하게 행동한다고 그것을 영원히 믿음 없는 사람으로 낙인 찍어서도 안됩니다. 모든 것은 하나님의 손에 달렸습니다. 성령이 힘 주시면 다시는 실수하거나 비겁해지지 않습니다.

· 나의 믿음은 위기에도 변하지 않는 믿음인가?

예고대로 부활하신 예수님

막 16:1-11

기독교의 핵심은 예수 그리스도의 동정녀 탄생과 십자가 죽음과 부활입니다.

그리고 부활이 없었다면 탄생도, 사역도, 죽음도 무의미한 것입니다.

예수 그리스도의 부활은 죽음과 죄에 대한 승리요 하나님의 구원 계획의 성취입니다. 예수님에 대한 여인들의 신앙은 예수님의 죽음후에도 변함이 없었습니다.

그러기에 변함없는 사랑과 신앙자에게 부활하신 예수님은 제일 먼저 그들에게 나타나셨습니다.

그러나 막달라 마리아의 말을 듣고도 다른 사람들은 믿지 않았습니다.

우리는 평소에 주님의 말씀을 귀담아 들어야 하고, 또 듣되 믿음으로 들어야 하는 것입니다. 제자들은 예수님의 신분이나 하나님의 구원 계획을 이해하지 못했습니다. 우리는 예수님을 하나님의 아들로 믿어야 됩니다.

기독교는 도덕적 교훈이나 심리적인 위로 이전에 구원의 종교입니다. 구원의 확신이 없는 선행이나, 그 어떤 것도 생명은 없는 것입니다.

· 나는 주님의 부활을 확실히 믿습니까?

능력있는 복음

막 16:12-20

예수님은 제자들에게 사명을 주셨습니다.

그것은 복음, 즉 예수 그리스도를 증거하는 증인이 되라는 것입니다.

방법과 대상과 내용을 말씀하셨습니다. 복음은 불신자가 전하는 것이 아니라 제자들이 전해야 합니다.

방법은 온 천하에 다니면서 입니다. 찾아가야 됩니다. 가고 보내어야 합니다.

대상은 만민에게 입니다. 내용은 복음입니다. 결과는 구원입니다. 그리고 전파자에게는 능력이 따른다고 했습니다.

복음은 능력입니다. 그러므로 복음이 복음되는 것을 표적으로 보증하십니다.

예수 그리스도의 죽으심과 부활을 체험한 자들은 증인이 되어야 합니다. 구원의 확신이 있는 자들은 증인이 되어야 합니다.

증인은 확신이 없으면 불가능 합니다.

제자들은 증인의 사명을 다하다가 순교하였습니다.

죽으면서도 예수 그리스도의 죽으심과 부활을 증거했습니다.

· 우리는 복음 증거를 위해 얼마나 노력하고 있습니까?

· 저절로 믿기를 기다리십니까?

III. 누가복음 강해

하나님의 구원 계획 실시

눅 1:1-7

누가복음은 누가가 기록했습니다. 그는 의사였습니다. 바울의 친구이자 동료였습니다. 예수님의 생애를 직접 목격한 자는 아니었습니다. 그는 목격자들에 의해 들은 것을 구체적이고 조직적으로 잘 기록했습니다.

누가는 누가복음을 쓰고 난 뒤 사도행전을 이어서 기록한 것으로 압니다.

누가는 예수님이 하나님의 나라의 구원을 선포하기 위하여 사람의 몸을 입으시고 오신 분이심을 강조합니다. 누가복음 1:1~10은 세례 요한의 출생에 대한 예고입니다.

하나님은 경건한 가정을 택하셨습니다.

그리고 성전을 떠나지 않고 기도하는 사람을 통하여 역사하시고 하나님의 뜻을 이루십니다. 세례 요한의 출생도 기도하는 경건한 가정을 통하여 이루시고, 예수님의 출생도 경건한 사람을 통하여 이루어졌습니다.

그리고 요구하십니다. 우리의 과거를 묻지 않으십니다. 그러나 예수 그리스도로 통하여 거듭난 후 경건하게 될 것을 요구하십니다. 그리고 경건하게 변화된 사람을 통하여 하나님의 뜻을 이루어 가십니다.

· 나를 통하여 하나님의 뜻이 얼마나 이루어져 가고 있습니까?

새 시대를 준비하는 역할

눅 1:8-25

세례 요한은 옛 시대와 새 시대를 연결하고, 또 그리스도가 오셔서 이루시는 새 시대를 준비하는 역할을 하게 됩니다.

하나님은 경건한 사가랴의 가정을 선택하시고 아이를 주겠다는 기쁜 소식을 전했습니다. 요한은 '은혜로우시다' 는 뜻입니다.

요한은 주 앞에 가장 큰 자요 영광스러운 사명을 받은 자로 선택되었습니다.

하나님께서 요한을 성별하시고 또 어릴 때부터 성령으로 충만케 하셔서 준비시키셨습니다. 요한은 선발대로 미리 와서 예수님을 영접하도록 준비시키는 역할이었습니다. 그 준비가 회개시키는 일입니다.

사실 우리는 모두 천국을 준비하는 자들이 아니라 천국에 갈 준비를 하는 자들입니다. 회개하고 예수 그리스도를 영접하는 자는 이미 영생을 얻었기에 천국에 갈 준비만 하면 되는 것입니다.

· 우리는 다시 오실 예수님을 얼마나 증거하고 있습니까?

마리아에게 임한 계시

눅 1:26-38

하나님께서 사가랴의 가정을 선택하시고 요한을 주시겠다는 기쁜 소식을 주셨습니다. 엘리사벳이 임신한 지 6개월 되던 때에 천사 가브리엘은 나사렛에 살고 있는 처녀 마리아에게 두번째 수태를 고지했습니다.

이 말은 들은 마리아는 처음에는 놀랐습니다. 그러나 나중에는 믿음으로 받아들이고 복종했습니다. 가브리엘 천사는 "마리아에게 잉태된 것이 성령께서 역사하심이라는 사실과 그 아이는 보통사람이 아니라 거룩한 분이시다"라는 것입니다. 그리고 가브리엘은 마리아에게 격려의 말을 했습니다. 예수님은 하나님의 나라를 건설하러 오시는 분이십니다.

이 나라는 다윗의 후손을 통하여 주시겠다고 약속하셨습니다. 하나님은 불가능이 없으시며 때가 차매 차질없이 구원의 역사를 일으키시는 것입니다.

· 우리는 우리에게 계시된 하나님의 말씀을 믿음으로 받아드려야 하는데 그대로 받아들이고 있습니까? 아니면 자기 마음대로 잘못 해석하고 있지는 아니합니까?

기쁨을 주러 오시는 예수님

눅 1:39-56

하나님은 인간을 기뻐하며 살도록 지으셨으나 인간이 범죄하므로 기쁨을 잃어 버렸습니다.

예수님은 이 기쁨을 회복시켜 주시기 위해 오셨습니다.

마리아는 자신을 통해 예수님이 오신다는 계시를 받고 너무나 기뻐서 찬송했습니다. 예수님이 오시면 옛 질서가 완전히 바뀌고 새로운 질서의 세계가 이루어질 것을 찬양했습니다.

누가복음 1장은 예수님의 오실 길을 예비하기 위해 오게될 세례 요한과 그리고 이어 예수님의 출생은 기쁜 일이 아닐 수 없습니다.

그래서 누가복음 1:39-45은 엘리사벳의 기쁨과 찬송입니다. 41~44절은 복중에 있는 요한의 기쁨입니다. 그리고 46~56절은 마리아의 기쁨의 찬양입니다. 하나님은 믿음으로 찬송하는 자를 구원하시고 돌보십니다. 48절은 바울과 실라가 찬송할 때 하나님께서 돌보아 주시고 구원해 주셨습니다.

여러분! 주님을 내 마음에 모시면 기쁨과 평강이 넘칩니다.

· 여러분, 이러한 기쁨이 없습니까?
· 예수를 모실 준비가 덜 되어 있지는 아니합니까?

세례 요한의 출생

눅 1:57-80

　하나님은 계시하시고 약속하신 대로 엘리사벳을 통하여 세례 요한을 주셨습니다.

　요한은 하나님의 계시에 의하여 이름이 지어졌습니다. 사가랴는 그의 아내 엘리사벳이 잉태한 때부터 벙어리가 되어 있다가 세례 요한의 출생 이후 입이 풀리게 되었습니다. 그러니까 약 9개월이 된 것입니다.

　사가랴는 자기 백성을 구원하시는 하나님을 찬양했습니다.

　사가랴의 찬송은 모두 소망적인 것입니다. 자유와 승리, 사죄의 은총, 새로운 날의 도래입니다.

　요한은 구세주 되시는 예수님의 선발대로 온 것입니다. 그래서 복음을 받아들일 수 있는 길을 예비시켜 드린 것입니다.

　이 시간 우리는 무엇 때문에 지금 이 시대에 이 땅에 보내셨다고 생각합니까?

　보낸 목적이 있습니까? 그것이 우리의 사명입니다
　"주여! 충성하는 일꾼이 되게 하옵소서."

구주로 오신 예수 그리스도

눅 2:1-14

예수님은 인류의 평화를 위해, 인간을 죄악에서 구원하시기 위해 오셨습니다.

그러나 예수님이 오실 때에 시대의 상황은 정말 어수선했고 각박했습니다.

아무리 돈에 눈이 어둡고 인정에 메말라도 예수님을 말 구유에서 출생하도록 방치했다는 그 한 가지 사실로도 그 시대의 인심을 짐작할 수 있습니다.

누가복음 2:1-20은 갓난아기 예수님에 대해서, 누가복음 2:21-38은 아기 예수님에 대해서, 누가복음 2:39-52은 예수님의 소년 시절을 간단하게 기록하고 있습니다.

이 모든 일은 성경에 예언한 대로 이루어졌습니다. 예수님은 예언대로 베들레헴에서 출생하셨고, 자라기는 요셉의 거주지인 나사렛에서 자라셨습니다.

예수님의 오심을 가장 먼저 축하한 자들은 양치던 목자들이었습니다. 천사들과 함께 감사 찬송하는 목자들은 복받은 자들입니다.

예수님은 낮은 자리에 오셨고, 낮은 자들을 통해 영광을 받으셨습니다.

· 나는 얼마나 낮아지고 있으며, 얼마나 하나님께 영광을 돌리고 있습니까?

목자들이 예수님을 경배함

눅 2:15-24

예수님은 베들레헴에서 나셨습니다.

베들레헴은 떡집이란 뜻인데, 생명의 떡 되신 예수님이 떡집이란 뜻을 가진 곳에서 출생하셨음은 신령한 의미를 주는 것입니다.

복음이란 예수님이 인간의 구주로 오셨다는 사실을 전하는 것입니다.

사실 하나님이 죄 많은 인간의 육체를 입으셨다는 자체가 복음입니다.

제일 먼저 예수님의 탄생을 축하하고 경배한 자들은 목자들입니다. 목자들은 사회적으로 존경받는 계층이 아닙니다. 노동자 농민과 같습니다.

그러나 그들은 메시아를 기다리던 자들입니다.

기다리던 자에게 가장 먼저 기쁜 소식이 전해졌습니다. 이들은 천사들의 메시지를 듣고 알게 되었습니다.

이들이 예수님께 경배한 것은 대단하거나 영광스러운 모습으로 이 땅에 오신 메시아가 아니었습니다. 가축의 구유 위에 눕혀져 있는 아기였습니다. 참 믿음은 환경을 보고 믿는 것이 아닙니다. 말씀을 듣고 믿는 것입니다.

· 내가 그 당시에 있었다면 나는 예수님을 경배할 수 있었겠습니까?

· 초라한 아기 예수님을 경배할 수 있었겠습니까?

시므온과 안나

눅 2:25-39

예수님이 이 땅에 오셨을 때는 종교적으로 가장 암흑기였고 정치적으로 혼란했습니다. 그러나 그런 시대에도 사가랴와 엘리사벳처럼 성전을 떠나지 아니하고 기도하는 남은 자가 있었고, 시므온과 안나처럼 메시아를 간절히 기다리는 자가 있었습니다.

참 믿음은 숫자나 흐름에 동요되지 아니합니다. 특히 시므온과 안나는 죽기 전에 메시아의 도래를 보는 것이었습니다.

시므온은 예수님을 보고는 "내 눈이 주의 구원을 보았사오니"(30절) 하고 고백했습니다. 시므온과 안나는 성령이 충만했고, 영의눈이 밝아 메시아를 알았습니다.

그리고 하나님께 감사와 찬송으로 영광을 돌렸습니다.

이제 우리는 재림 예수를 기다리는 생활을 해야 할 것입니다.

주님은 기다리는 자에게 만나 주십니다.

우리는 무엇보다 성령 충만하여 영적인 눈이 어두워지지 않도록 기도해야 할 것입니다.

예수님의 성장

눅 2:40-52

"키가 자라고" 육신의 정상적인 성장을 드러냅니다.
"강하여 지고" 육신의 보이지 않는 부분을 말합니다.
"지혜가 충족하여" 질적인 성장을 말합니다.
"하나님의 은혜가 그 위에 있더라" 영적인 상태를 말합니다.
예수님은 영적 · 육적 · 정신적 · 사회적으로 정상적인 성장을 하셨습니다.
"하나님과 사람에게 사랑스러워 가시더라" 신앙과 인격적인 면을 드러냅니다.
예수님은 태어나실 때 돈밖에 모르는 여관집에서 태어나므로 말구유 위에 나시는 푸대접을 받으셨습니다. 그러나 성경을 많이 알고 믿음이 좋은 박사들로 통하여는 예물로 경배를 받으셨습니다. 그리고 들에서 양치던 목자들에게 경배를 받으셨지만 헤롯같은 권력에 도취된 악질적인 왕 때문에 피난생활을 해야 했습니다.
예수님이 난지 8일 만에 할례 받기 위해 예루살렘에 가셔서 믿음 좋은 세례 요한의 부모 시므온과 엘리사벳을 만나고, 성전을 떠나지 아니하고 평생을 기도하던 안나라 하는 늙은 선지자를 만난 적도 있습니다.
예수님이 12살 때 절기의 전례를 따라 부모님과 함께 예루살렘에 올라가셨습니다. 예수님은 예루살렘 성전에서 선생들에게 성경을 묻기도 하고 대답하기도 하셨습니다. 예수님을 찾아 헤매던 부모들에게 성전이 하나님의 집임을 깨닫게 해 주셨습니다.

· 우리는 예수님을 어느 정도로 가까이 알고 깊이 알고 있습니까?
· 우리의 신앙은 영적으로 정상적으로 성장하고 있습니까?

요한의 세례와 성령 세례

눅 3:1-22

세례는 가장 거룩한 예식입니다.

요한의 세례는 물 세례요 회개의 표시입니다.

그러나 예수님의 세례는 성령 세례요, 불 세례요, 성령 임재의 표시입니다.

세례는 거듭남의 외적인 증거가 되어야 하고, 내적인 확신이 되어야 합니다.

세례는 하나님의 음성을 듣고, 성경 말씀과 성령의 인도를 받는 삶으로 변화된 증거가 되어야 합니다. 유대인들은 전통적으로 규례를 지키는 것이 몸에 익숙해 있기 때문에 세례 요한에게도 회개는 하지 않고, 세례의식에는 참여 하기 위해 모여 들었습니다. 그때 요한은 세례의 합당한 열매에 대하여 구체적으로 설명했습니다.

세례 의식이 하나님의 진노를 피할 수 있는 표시가 아니라 회개해야 된다는 것입니다. 그리고 회개도 말로만 하는 것이 아니라 거짓이나, 강포나, 부정이나, 모든 잘못된 것을 고쳐 사는 삶을 강조하고 있습니다.

그러므로 세례는 삶의 변화와 성령의 임재의 표시와 증거가 되어야 합니다.

그러나 요한의 세례만으로는 완전하지 못합니다.

성령 세례를 동시에 받아야 합니다.

예수님도 세례를 받으실 때 하늘이 열리고, 비둘기 같은 성령이 임하고, 하나님의 음성이 들렸습니다.

예수님의 족보

눅 3:23-38

누가는 예수님이 하나님의 아들이심을 철저히 강조했습니다. 예수님은 자라셨고, 배우셨고, 피곤하셨고, 웃기도 하시고, 울기도 하셨습니다. 예수님은 피가 있는 육체로 이 땅에 오신 하나님의 아들이십니다.

하나님의 인류의 구원 계획에 의해 때가 차매 이 땅에 오시고 오신 일을 이루셨습니다.

그러므로 사람이지만 하나님이시다는 사실을 강조하기 위해 마태복음의 족보와 대조적으로 거꾸로 거슬러 올라가는 족보입니다.

예수님이 30세에 사역을 시작하신 것도 30세가 가장 인생의 전성기요 사역의 능력이 나타나는 나이이기 때문입니다.

우리는 육체로 오신 예수님을 믿어야 되고, 그 예수님이 바로 하나님이심을 의심없이 믿어야 하는 것입니다.

우리는 예수님이 초월적인 하나님이심과 동시에 역사적인 하나님이심을 믿어야 합니다.

사역의 최종적인 준비와 시험

눅 4:1-13

예수님이 이 땅에 오신 목적은 천국 복음을 전파하시고, 인류를 구원하시기 위해서 입니다.

예수님은 사역을 준비하시면서 나사렛에 계시면서 부모님의 일을 도우셨습니다. 그리고 때가 되어서 40일 금식기도로 무장하시고 본격적인 사역을 시작하셨습니다. 사단은 인류 구원 사역의 반대자요 방해자입니다. 그래서 속이고 유혹하며 수단과 방법을 가리지 아니합니다.

예수님께서 사역을 본격적으로 시작하려고 할 때 사단은 예수님을 유혹했습니다.

40일 금식기도 후 주리신 예수님께 먹는 문제로 시험을 하였습니다.

첫째 아담에게도 먹는 문제로 시험 하였습니다. 그러나 첫째 아담은 실패했으나, 둘째 아담되시는 예수님은 말씀으로 승리하셨습니다.

두 번째 시험은 예배의 대상 문제입니다.

예배의 대상은 하나님 밖에 없으심을 선언하심으로 승리하셨습니다.

세 번째 시험은 성전 꼭대기에서 뛰어내려 보라는 충동적인 시험이었습니다.

예수님은 못하시는 것이 없습니다. 그러나 안하는 것은 있습니다.

능력은 인류 구원을 위해 행하시지 자신의 명예나 자랑을 위해서는 사용하지 않으셨습니다. 사단은 육신의 정욕과 안목의 정욕과 이생의 자랑으로 유혹했지만, 예수님은 말씀으로 능히 이기셨습니다.

우리는 하나님의 일을 위해서는 기도의 준비와 사단의 시험을 먼저 이겨야 합니다.

예수님의 사역의 시작

눅 4:14-30

40일 동안 금식기도를 하시고 시험을 이기신 예수님은 권능이 충만했습니다.

복음 사역은 하나님이 주시는 능력을 힘입어야 합니다.

예수님을 하루 이틀 일년 이년 믿다가 끝내는 것이 아니기에 더더구나 말씀대로 살자면 능력을 받아야 되지 그렇지 않고는 불가능합니다.

예수님께서 처음하신 사역은 성경을 가르치셨습니다.

구약에 예언된 성경을 들어 자신을 증거하신 것입니다.

복음은 예수님이시고, 예수님을 깨닫게 해 주는 것입니다.

영생과 천국은 예수를 믿는 자에게 필연적으로 따라오는 것입니다.

예수님은 회당에 들어가셔서도 가르치셨습니다.

많은 사람들에게 칭송을 받으셨습니다. 회당에 있는 자들은 예수님의 말씀을 듣고 예수님을 죽이려고 했습니다. 예수님의 말씀은 신앙생활을 잘못하는 자들에게는 직설적이기도 하고 비유를 들어 말씀하시므로 거부반응을 일으켰습니다. 사실 하나님의 말씀은 회개치 않고 마음을 강팍케 하는 자에게는 모두 거부반응을 일으키는 내용입니다.

· 나는 언제나 누구를 전하며, 무엇을 깨닫게 합니까?

· 나는 하나님의 말씀을 들을 때 거부반응이 일어납니까?

· 회개합니까?

· 앞으로 내가 해야 할 일은 무엇입니까?

예수님의 사역과 따르는 능력

눅 4:31-44

예수님의 가르치심에는 능력이 따랐습니다.

변사들처럼 말만 잘하고, 능력이 따르지 않는 그런 가르침과는 달랐습니다.

무엇보다 귀신들을 사정없이 쫓아내시고 또 병자들을 고쳐 주셨습니다.

예수님은 영적인 병을 치료하기 위해 오셨습니다. 그러나 육신적인 병도 외면하지 않으셨습니다.

베드로의 장모의 열병을 고쳐 주셨습니다.

성경은 귀신들을 통하여 오는 병이 있음을 밝히고 있습니다.

사고로 오는 병, 육신을 잘 관리하지 못해서 오는 병, 선천적으로 오는 병, 노환으로 오는 병 이 모든 것은 인류가 범죄한 이후 들어온 것입니다.

우리가 명심할 것은 현재의 모든 병이 귀신으로부터 오는 것이 아닙니다.

그러나 귀신 때문에 오는 병도 있습니다. 의심을 주고, 근심을 주고, 불안케 하고, 좌절케 해서 오는, 즉 간접적으로 병들게 만들고, 육체적으로 사단이 몸을 치거나 침투해서 병들게도 합니다.

육신이 병들면 영적으로 강하게 되는 계기도 되지만 잘못하면 영혼이 병들게 됩니다. 우리는 말씀의 능력으로 귀신을 쫓아내고, 치유함을 받아야 할 것입니다.

· 나는 말씀의 능력을 실제로 얼마나 믿습니까?

예수가 해답이다

눅 5:1-11

예수님은 사람을 변화시키는 분이십니다.

예수와 만나고, 교제하고, 그의 가르침을 받으면 사람이 변합니다.

예수님은 변화된 사람을 통하여 자기를 나타내시고, 증거되게 하십니다.

예수님의 제자 중 적어도 일곱 명은 어부였습니다. 일반적으로 어부는 예수님께 봉사하는데 성공할 수 있는 자질을 가지고 있습니다. 용기와 담력, 협력, 인내, 결단력 같은 것이 어부에게는 필요합니다.

예수님의 제자도 이런 기질이 있어야 합니다.

베드로는 예수님의 말씀을 듣고 믿음이 생겼습니다. 믿음은 들음에서 납니다. 그리고 그 믿음을 행동으로 옮길 때 기적이 일어났던 것입니다.

베드로는 자신의 경험보다도 예수님의 말씀을 더 믿었던 것입니다. 베드로는 예수님의 말씀에 순종하므로 이적을 체험하게 되었습니다. 그리고 자기의 부족과 무능을 고백했습니다.

주님 앞에서 자신의 모습을 볼 줄 아는 자가 참 신자입니다.

자신의 정체를 바로보지 못하는 자는 아무것도 볼 수 없고, 깨달을 수도 없는 것입니다.

· 나는 예수님을 얼마나 알고, 얼마나 순종합니까?

질병을 고쳐 주신 예수님

눅 5:12-16

고기를 많이 잡히게 해 주신 예수님은 한센씨 병자를 깨끗하게 치료해 주셨습니다.

한센씨 병자는 다른 병자와는 달리 사회에서 격리 수용되는 병이었습니다.

그리고 한센씨 병자들이 가는 곳마다 불결하다고 스스로 큰 소리로 외쳐야 했으며, 또한 사회나 이웃에게서 버림을 받았습니다.

예수님은 이런 소외된 자를 희망을 주시고 사랑하셨습니다.

예수님께서 손을 내밀어 아주 간단하고도 쉽게 치료하여 주셨습니다.

그런데 여기에서 깨달을 것은 예수님이 능히 고쳐 주시되 하나님과의 교제의 시간을 할애하셨습니다. 즉 기도를 많이 하도록 하고, 믿음의 기도를 드리도록 해서 이루어 주시고 고쳐 주십니다.

오늘 이 한센씨 병자는 모든 것을 주님께 맡기면서 주님의 자비와 은총을 기다렸던 것입니다.

· 우리는 얼마나 주님께 맡깁니까?
· 얼마나 주님의 능력을 믿습니까?
· 예수님을 만나고 그분이 함께 계신다면 변화되고 고쳐지는 역사가 일어날줄 믿습니다.

죄사할 권세가 있는 예수님

눅 5:17-26

예수님께서 중풍병자를 고쳐 주시면서 먼저 죄사함을 받았다고 선언하셨습니다.

이 말을 들은 서기관들과 바리새인들이 수근거리며 의논하는 것을 예수님은 아셨습니다. 사실 죄사하는 권세는 하나님밖에 없습니다.

그러니까 그들은 예수님이 하나님의 아들이시다는 사실을 몰랐고 믿지도 아니했던 것입니다.

권세 중에 권세는 사죄의 권세입니다.

예수님께서 죄사하는 권세가 있다는 증거로 중풍병자를 고치셨습니다. 중풍병자는 쉽게 회복되는 병도, 혼자 걸을 수도 있는 병자가 아닙니다.

전신이 마비된 중풍병자였습니다.

죄사함과 치유는 둘다 어렵습니다. 하나님만이, 하나님의 능력으로만 할 수 있습니다. 능력 중에 능력은 죄사하는 능력이요, 은혜 중에 은혜는 사죄의 은혜입니다.

우리는 예수님이 죄사할 권세가 있는 분이심을 믿어야 할 것입니다.

그리고 사죄의 은총을 늘 감사하며 충성해야 할 것입니다.

· 우리의 감사가 무엇입니까?
· 우리가 너무나 큰 것은 잊어 버리고 예사로 생각하고 작은 것들만 기억하지 않습니까?

새 것으로의 변화

눅 5:27-39

예수님의 사역의 핵심은 죄인을 불러 회개시키고 삶은 변화시키는 데 있었습니다.

천국은 변화된 사람이 소유할 수 있습니다.

그러기에 옛 것과 낡은 방식의 삶을 버려야 하는 것입니다.

예수님께서 죄인 취급을 당하면서 살고 있는 세리를 제자로 부르셨습니다. 직업상 정직하기 힘든 일이기에 멸시를 받는 계층이었습니다. 물론 마태가 부정을 했다는 기록은 없으나 그 당시 거의 부정을 했기에 같은 취급을 당했습니다.

예수님은 지금까지 지은 죄에 대하여 평가하지 아니하시고, 예수님께 부름받은 이후에 삶이 완전히 변화되기를 원하셨습니다.

예수님은 자신이 죄인임을 뉘우치는 죄인을 사랑하시고, 스스로 의롭다고 생각하는 자들은 관심 밖이었습니다. 복음은 새 옷이요 새 포도주입니다.

그러므로 율법주의의 낡은 옷에는 새 복음을 담을 수 없습니다. 예수 믿기 전의 사고방식과 관념을 모두 바꾸어야 합니다. 새로운 사상으로 바꾸어져야 합니다.

복음은 소망이요, 변화요, 능력입니다.

· 우리도 아직 낡은 생각이 자리잡고 비복음적인 삶이 나를 지배하고 있지는 아니합니까?

안식일의 주인되시는 예수님

눅 6:1-11

예수님은 온 우주의 창조주이시고 주인이십니다.

모든 날들의 주인이시며 특히 안식일의 주인이십니다.

특히 누가복음 6장에서는 새 안식일, 새 민족, 새로운 축복에 대해서 언급하고 있습니다.

안식일은 휴식한다는 의미입니다. 구약시대의 안식일은 옛 창조의 완성을 상기하는 날입니다. 그러나 주일은 우리 주님의 완성된 사역을 상기하는 날입니다.

안식일은 노동 이후의 휴식을 말하며, 율법과 관련이 됩니다. 그러나 주일은 노동 이전의 휴식을 말하며, 은혜와 관련된 날입니다.

주일은 예수 그리스도께서 죽음에서 부활하신 것을 기념할 뿐아니라 성령의 오심과 교회의 탄생을 기념하는 날입니다.

초대교회는 한 주의 첫 날에 모였습니다. 우리는 안식일을 준수해야 구원을 받는 것이 아닙니다. 오직 예수 그리스도를 믿음으로 구원을 받는 것입니다.

그러므로 주님의 은혜를 깨닫고 구원의 확신을 가지고 사는 것이 더 중요한 것입니다. 밀밭에서도, 회당에서도 안식일 문제 때문에 시비가 생겼습니다.

안식일은 사람을 위하여 있는 것이지, 사람이 안식일을 위하여 있는 것이 아님을 알아야 합니다.

열두 제자 선택

눅 6:12-19

예수님께서 열두 제자를 사도로 부르셨습니다.

예수님은 많은 제자를 두셨습니다만 사도로 부름을 받은 자는 12명 뿐입니다. 사도는 특별한 위임으로 보냄을 받은 자들입니다.

그런데 예수님께서 열두 사도를 부르실 때 온 밤을 새우며 기도하셨습니다. 사도의 선택이 얼마나 중요하다는 사실을 우리는 생각할 수 있습니다.

예수님의 열두 제자 이름이 마태복음과 마가복음에도 나옵니다. 그런데 공통적으로 베드로 이름이 제일 먼저 나오고 가룟 유다가 제일 나중에 나옵니다. 그리고 사도행전 1:13에는 가룟 유다의 이름이 제외되었습니다.

구약시대에는 열두 지파가 있었습니다.

신약시대 열두 제자는 복음 민족의 터전을 의미합니다.

예수님은 제자들과 함께 지내시면서 자신을 깊이 깨닫게 하고 예수님의 사역의 동반자로 훈련시키셨습니다.

우리는 우리의 삶을 통해 얼마나 예수님을 증거하고 있는지 반성해야 할 것입니다.

새로운 축복 길

눅 6:20-26

예수님께서 참된 복이 무엇인가를 가르쳐 주셨습니다.

구약시대의 복은 모두 보이는 것이었습니다.

장수 · 부 · 건강 · 형통 · 남의 머리 등이었습니다. 그러나 예수님이 교훈하신 복은 마음을 중심으로 하였습니다.

즉 보이는 것에서 보이지 않는 것으로 발전하였습니다.

구약시대의 이스라엘 백성들은 믿음 안에서 어린아이와 같았습니다. 그러기에 육신적이고 물질적이고 시각적인 것이었습니다.

그러나 이제 예수님이 오심으로 유년기는 끝나고 하나님의 뜻을 이해하는데 성숙해야 했던 것입니다. 이 교훈은 하늘 백성들을 위한 규약입니다.

이대로 살아야 구원을 받는다는것은 복음이 아닙니다.

이것은 이 세상에서 신자로서 지녀야 할 경건한 성품을 교훈하고 있는 것입니다.

여기에서 강조되는 참된 행복은 하나님을 믿는 신앙, 이웃을 향한 사랑, 우리 자신의 정직성, 그리고 하나님을 향한 순종을 강조하는 것입니다.

여기에서 오해하지 말아야 할 것은 예수께서 빈곤, 굶주림, 가난, 박해와 애통 그 자체가 복이라고 가르치신 것이 아니라 우리 마음의 자세를 말하고 계십니다.

그것이 복이라면 예수님은 병자를 고쳐 주고, 배고픔을 해결해 주지도 않았을 것입니다. 예수님 때문에, 신앙을 지키기 위해 가난을 감수하고 병 때문에 마음이 겸손해졌다면 그것이 복이라는 것입니다.

제자로서의 삶

눅 6:27-38

예수님을 따르는 자들은 영원한 가치를 위해 살아가는 자들입니다.

그러기에 현실적이고, 순간적인 고난과 괴로움은 각오하고 감수해야 합니다.

그리스도인들은 세상의 빛이요 소금입니다.

소금은 죄(부패)를 방지합니다. 빛은 모든 죄를 드러냅니다. 그러므로 죄인들은 빛을 꺼리고 성도들을 거부하고 모욕하고 학대하게 됩니다.

예수님은 제자들에게 이러한 일들을 예상하고 있어야 할 것을 말씀하셨습니다.

그러나 제자들은 원수들을 사랑하며 위하여 기도해야 됩니다.

제자는 내적으로 갖추어야 할 기질이 있는 것입니다.

그리고 분별하는 능력도 갖추어야 합니다.

성도가 이웃을 대할 때 가져야 할 자세는 대접을 받고자 하는대로 이웃을 대접해야 합니다(31절).

우리는 원수를 갚는 것보다 하나님 닮아가는데 노력해야 합니다.

성도는 뿌린대로 거두며 뿌린 것만큼 거둔다는 원리를 알아야 합니다(37~38절).

우리가 비판한다면 비판을 받게 됩니다. 반대로 우리가 용서한다면 자신도 용서를 받을 것입니다. 이 모든 것이 사랑을 실천하는 삶을 살아가는 것입니다.

제자는 바로 예수님의 사랑을 본받아 실천하는 삶인 것입니다.

올바른 제자

눅 6:39-49

우리가 주님의 제자로서의 사역을 잘 감당하려면 우리 자신이 먼저 올바르게 변화되어야 합니다.

첫째, 소경의 비유가 있습니다. 지도자는 먼저 자신이 깨닫고 확신하고 바른 길에 서 있어야 하는 것입니다.

둘째, 눈의 비유를 통해 먼저 자기 성찰이 있어야 할 것을 말씀하셨습니다. 우리는 다른 사람을 비판하는데 발달된 눈과 예민한 판단력을 자신에게로 돌려야 할 것입니다.

셋째, 나무 비유를 통해서는 나무의 정직성을 강조하면서 우리가 선해야 선한 열매를 맺을 수 있음을 강조했습니다.

넷째, 창고 비유가 있는데 사람의 마음을 창고와 같이 비교했습니다. 입에서 나오는 것은 마음의 표출인 것을 교훈합니다. 우리는 자신에게 정직해야 합니다. 우리의 양심과 시야를 흐리게 하는 영역들은 반드시 고쳐야 합니다.

46~49절에는 하나님의 말씀을 듣고 행할 때에 반석 위에 세워진 집과 같은 든든한 삶이 된다는 사실을 강조합니다.

말씀을 바탕으로 하지 아니하면 다 쓰러지고 넘어지는 것입니다.

우리는 올바른 제자의 길을 선택해야 될 것입니다.

백부장의 중보기도

눅 7:1-10

누가복음 7장은 백부장의 믿음에 대한 예수님의 응답과, 과부의 절망에 대한 예수님의 처방과, 세례 요한의 문제에 대한 해답을 주신 내용이 기록되어 있습니다. 그리고 죄지은 여인의 사랑의 헌신에 대한 주님의 반응이 마지막 부분에 있습니다.

오늘은 백부장의 중보기도에 대한 예수님의 응답에 대해서 묵상하겠습니다.

백부장의 중보기도는
1)사랑에서 나온 것이었습니다.
중보기도는 사랑이 있어야 합니다.
2)백부장의 중보기도는 믿음의 기도였습니다.
3)백부장의 중보기도는 말씀 중심의 기도였습니다.
4)백부장의 중보기도는 응답되었습니다. 뿐만 아니라 칭찬이 곁들여진 응답이었습니다. 예수님은 사랑의 기도, 믿음의 기도, 믿음의 중보기도는 필히 응답해 주신다는 사실을 보여 줍니다.

나는 중보기도를 얼마나 드립니까?
드린다면 사랑으로, 믿음으로, 말씀 중심으로 드립니까?
참 믿음은 겸손과 확신으로 드러납니다.
"주여! 믿음과 사랑을 주옵소서."

죽은 자를 살리신 예수님

눅 7:11-17

예수님은 해결사로 오셨습니다.

백부장의 종을 고쳐 주셨습니다.

오늘 본문은 과부인 독자의 죽음을 해결해 주셨습니다.

나인 성에는 과부의 독자가 젊은 나이로 죽었습니다. 누구나 함께 슬퍼할 수밖에 없는 젊은이의 죽음 그리고 과부의 독자였습니다.

성 안에는(사람들은) 이 슬픔을 해결할 자가 없었습니다. 죽음에 대한 슬픔의 치료는 아무나 할 수 없습니다.

더더구나 과부의 독자이니, 게다가 청년이니 그 슬픔을 상상할 수가 있겠습니까?

성 밖에서 성 안으로 들어가던 예수님과 제자들, 그리고 그를 따르는 무리들과 성 안에서 죽은 자를 메고 나오는 자들과 마주쳤습니다.

예수님께서 과부의 눈물을 보시고 불쌍히 여기사 "울지 말라"고 하셨습니다.

그리고 관에 손을 대시며 "청년아 일어나라"고 하셨습니다.

하나님의 독생자가 땅의 독생자에게, 하나님이신 청년이 인간 청년에게 베푸신 생명의 역사입니다. 그때 죽었던 자가 즉시 일어나 앉았습니다.

그리고 말도 했습니다. 무리들은 놀랐습니다.

그들은 두려워하며 하나님께 영광을 돌렸습니다. 이것은 과부의 믿음을 보고 살리신 것이 아닙니다. 거기에는 믿음이 강조되어 있지 않는 기적입니다.

예수님의 일방적인 행동이십니다.

불쌍히 여기사 죽음의 슬픔을 치료해 주셨습니다. 죽음의 슬픔은 예수님 외에는 치료할 자가 없습니다.
　예수님은 죽은 자를 살리기 위해 오셨습니다.
　예수님을 만나면, 예수님께서 불쌍히 여기 주시면 살아납니다.
　할렐루야!

복음을 전하러 오신 예수님

눅 7:18-25

예수님은 인간을 구원하러 오신 분이십니다.

세례 요한은 주의 길을 예비하러 온 선지자입니다.

예수님께서 여자가 낳은 자 중에 세례요한 보다 더 큰이가 없다고 했습니다.

그것은 누구든지 예수를 높이고 증거하면 하늘나라에서는 가장 큰 자라는 것입니다. 예수님은 인간을 영원한 죄에서 그리고 죄의 값인 저주에서 구원하러 오신 분이십니다.

그래서 이 땅에 계실 때 복음을 증거하시며, 가난과 병에서도 구원해 주셨습니다.

천국은 가난과 병, 죄 문제가 해결된 완전한 구원입니다.

죄에서 구원되고, 병에서 구원되고, 가난에서 구원받아야 완전한 구원입니다.

불행이 계속되는 영생은 구원이 아닙니다.

바리새인들과 사두개인들은 마음이 완악하여 복음을 받아들이지 않았고 비판하는데 급급했습니다.

예수님께서 그들의 완악을 비유로 무리들 앞에서 지적하셨습니다.

복음은 겸손한 자에게 전해집니다.

우리는 보고 들은 것을 그대로 전하는 예수님의 제자가 되어야 합니다.

믿음의 행위

눅 7:36-50

예수님이 한 바리새인의 초청을 받아 대접을 받았습니다. 그때 그 동네에 죄인 취급을 당하는 한 여인이 예수님이 바리새인의 집에 계실 줄 알고 향유 담은 옥합을 가지고 왔습니다.

그리고 예수님의 뒤로 그 발 곁에 서서 울며 눈물로 발을 적시고 자기 머리털로 씻고 그 발에 입을 맞추면서 향유를 부었습니다.

이것을 본 시몬이라는 이름을 가진 바리새인이 이런 생각을 했습니다. 예수님이 선지자라면 이 여인이 죄인이라는 사실을 다 알 것인데 하면서 이 여인의 호의를 그대로 받아들이는데 대해 의아심을 가졌습니다.

그때 예수님은 시몬의 마음의 생각을 아시고 빚탕감 비유를 들어 구속의 진리를 가르치셨습니다.

빚을 많이 탕감 받은 자가 탕감해 준 자를 더 사랑하게 된다는 상식적인 논리로 설명을 하셨습니다. 그리고 믿음은 실질적인 논리로 설명을 하셨습니다.

또한 믿음은 실질적인 감사와 감격과 헌신으로 나타남을 보여 주고 있습니다.

예수님을 사랑으로 대접하고 헌신하는 것과, 대의 명분이나 선생으로 대접하는 것과는 다른 것입니다.

주님 앞에 사죄의 확신과 은총을 믿는 자는 주님을 적극적으로 사랑한다는 사실을 우리에게 교훈하고 있습니다.

· 우리는 주님을 얼마나 사랑합니까?
· 우리는 주님을 진정으로 사랑합니까?

씨에 대한 비유

눅 8:1-15

씨뿌리는 비유를 통해 좋은 씨, 씨뿌리는 자, 좋은 밭, 좋은 결실을 우리에게 교훈해 주고 있습니다.

그리고 씨뿌리는 비유의 특징은 예수님이 직접 해석해 주셨기 때문에 여기에는 조금도 의심이나 잘못된 해석이 있을 수가 없습니다.

그러므로 천국에 들어갈 자는 말씀을 믿고, 인내하게 된다는 것입니다.

하나님께서 우리에게 복음을 주셨습니다.

이 복음이 하나님의 말씀입니다. 하나님의 말씀을 받아 믿는 자는 영생의 열매를 거두어 들이게 되는 것입니다.

"주여! 주여!" 한다고 다 천국에 들어가는 것은 아닙니다.

하나님의 말씀을 받아들이고 순종해야 합니다.

우리의 마음이 하나님의 말씀을 잘 받아들이는 마음이어야 합니다.

마음이 강퍅하면 말씀의 뿌리는 내리지 못합니다.

마음이 교만하면 말씀이 결실할 수 없습니다. 특히 인내가 약한 마음은 좋은 결과를 기대할 수 없습니다.

신앙생활에서 마음이 얼마나 중요한지 알아야 합니다.

계속 회개하여 옥토를 만들고, 옥토를 보존해야 합니다.

빛된 삶

눅 8:16-21

성도(제자)를 빛으로 비유한 것은 빛은 어두움을 밝히는 역할에 역점을 둔 것입니다.

진리는 드러내어야 하고, 신자의 생활은 많은 사람의 본이 되어야 합니다. 많은 신자들이 복음을 감추고 덮어 두고 있는 것은 잘못된 행위임을 지적하고 있습니다.

예수님은 빛의 본체이십니다.

우리는 예수님의 빛을 받아 전달해야 하는 것입니다.

하나님의 말씀은 복음이며 빛입니다. 예수님의 말씀이 곧 하나님의 말씀이기에 그 말씀을 받아 전달해야 하는 것입니다.

예수님과 우리와의 관계를 가족으로 비유한 것은 하나님의 말씀으로 거듭나서 생명적인 관계를 가졌기 때문입니다. 가족은 피의 관계요 한 핏줄입니다.

예수 그리스도의 피로 거듭난 자들은 천국 백성이요 한 가족이기에 하나님의 말씀을 듣고 행하는 자녀로서의 삶을 살아야 하는 것입니다.

· 나는 복음을 감추고 있지 않습니까?
· 말씀을 듣고 행하는 삶을 살고 있습니까?

잔잔케 하시는 예수님

눅 8:22-39

예수님께서는 바다(호수)에서 폭풍을 잔잔케 명령하셨고, 육지에서는 귀신들을 쫓아내어 한 인간을 잔잔케 하셨습니다.

예수님은 우주 만물을 창조하시고 다스리시는 분이십니다.

뿐만 아니라 모든 영의 세계도 주관하시는 하나님이십니다.

죄와 원수 마귀는 죽이고, 멸망시키고, 풍랑 속에 시달리게 하고, 죄 속에 빠뜨리고, 죽게도 합니다. 그러나 예수님은 원수 마귀를 물리치시고, 죄를 해결해 주시고, 마음을 평안으로 잔잔케 하시는 일을 하십니다.

믿음이 없거나 믿음이 적으면 풍랑을 보고 무서워하며 파도를 보고 좌절합니다.

뿐만 아니라 악령에 사로잡히면 인생이 찢기고, 할키며, 제정신을 잃어 버리게 됩니다. 이렇게 되면 귀신은 하나가 아니고 많은 무리가 있는고로 풍랑이 사라지지 않습니다.

그러나 예수님만 모시고 바다와 같은 인생의 여정을 항해하면 언제나 풍랑을 잔잔케 할 수 있으며 악령의 세력을 물리칠 수 있습니다.

귀신의 주공격 대상자는 어린 아이나 노인보다는 잘 믿는 사람들에게 공격합니다. 그들에게 군대 귀신에 사로잡혔습니다. 그러므로 예수님의 능력을 소유해야 합니다. 오늘도 예수님과 함께 풍랑을 이깁시다. 악령의 세력과 마귀의 시험을 물리칩시다. 주님이 함께 하십니다.

고치시고 살리시는 예수님

눅 8:40-56

예수님께서 이 땅에 오신 목적은 고치시고 살리시기 위해 오셨습니다.

이 땅에서 육신을 고치시고 죽은 자를 살리신 것은 우리의 영혼을 고치시고 영원한 생명으로 거듭나게 하시는 주님의 사역을 보여 주고 깨닫고 확신케 하기 위해서입니다.

오늘 본문은 회당장 야이로의 딸을 살리신 기적과 혈루증으로 회복 불가능한 가련한 여인을 회복시킨 내용입니다.

야이로의 딸은 야이로의 간구로 병들어 방금 죽은 상태에서 살려주신 것이요, 혈루증으로 병든 여인은 자신의 믿음의 간구로 회복되었습니다.

둘다 여인이라는데 공통점이 있습니다. 그리고 야이로는 딸이 병들어 사경을 헤매니까 대신 예수님을 찾아왔고, 혈루증으로 병든 여인은 본인이 직접 혼신의 노력을 다해 예수님을 찾아왔다는 데 공통점이 있습니다.

그리고 예수님께만 기대를 걸고 예수님께 간구하였습니다.

기적은 예수님을 찾아와야 일어나고, 간절함이 있어야 되는 것입니다.

인간의 육체가 살아가는 데는 건강과 평안과 두려움이 없는 믿음이 필요합니다.

우리에게는 얼마나 믿음이 있으며 주님을 향한 간절함이 있습니까? 그 어떤 어려움이나 환경 속에서도 주님께만 매달리는 믿음이 있습니까?

육신을 보살펴 주시는 예수님

눅 9:10-17

이스라엘 백성은 가난으로 배고픈 민족입니다.

그러기에 보리떡을 배불리 먹은 기적은 이스라엘 백성에게는 정말 매력적인 기적입니다. 예수님은 인간의 필요를 채워 주시는 분이십니다.

욕심을 채워 주시는 분이 아니십니다.

예수님께서는 제자들의 믿음을 시험해 보셨습니다.

제자들은 아직도 합리적인 방법에 매여 있었습니다. 그러나 예수님께서는 어린 아이의 보리떡 다섯 개와 물고기 두 마리로 오천 명을 배불리 먹이셨습니다.

예수님은 생산자이시고 제자들은 분배자였습니다.

예수님은 영의 충족만 주시는 분이 아니라 육에 대해서도 관심을 가지시는 분이십니다. 영은 영의 양식으로 살지만 육은 육의 양식으로 사는 것입니다.

육신은 영혼의 집이기에 육신을 통하여 영이 보존되고, 영은 육을 통하여 역사하는 것입니다. 우리는 육신까지도 보살핌을 받도록 하나님께 기도해야 합니다.

지금까지 우리의 육신을 지켜 주신 하나님께 감사해야 할 것입니다.

고난에 대한 예언과 가르치심

눅 9:18-36

예수님은 예루살렘으로 향하고 계십니다.

제자들에게 자신이 누구라는 사실을 더욱더 깨닫게 하시고 확신시킬 필요가 있으셨습니다. 사실 예수님을 바로 아느냐, 잘못 아느냐, 아니면 모르느냐는 운명을 결정하는 문제인 것입니다.

예수님을 잘못 알면 결코 하나님을 바로 알 수가 없는 것입니다.

예수님께서 "사람들이 나를 누구라고 하느냐"고 물었습니다.

제자들은 여론을 들은 대로 대답했습니다.

제자들은 "세례 요한이라고 하는 자도 있고, 엘리야라고 하는 자도 있고, 선지자 중에 하나라고 하는 자도 있다"고 보고했습니다. 사실 예수님은 군중의 여론을 듣는데 목적이 있는 것이 아니라 제자들의 확신과 신앙고백을 기다린 것입니다.

그래서 "너희들은 나를 누구라 하느냐"고 물으셨습니다.

베드로는 "하나님의 그리스도"라고 예수님의 신성과 직책을 말했습니다. 예수님은 공개적으로 말하지 못하게 하신 것은 예수님을 정치적인 메시아로 알려질 것을 두려워하신 것입니다.

사실 유다를 제외한 열한 제자는 예수님을 구주로 믿는 신앙을 가졌던 것입니다.

예수님께서는 자신이 희생적 죽음을 여러 번 암시적으로 말씀하시고, 점점 드러내기 시작하셨습니다.

그리고 산상특별기도를 통하여 그리스도의 하나님의 아들되심과 성경을 이루기 위해 오신 예언된 구주이심을 보여 주셨던 것입니다.

그러나 예수님의 구원 사역은 고난의 희생을 통해 이루어진다는 사실을 가르치고 보여 주셨던 것입니다.

· 우리는 십자가 없이 무엇이 이루어지기를 기대하고 있지 않습니까?
· 주님은 하나님의 아들이시며 나의 구주 되심을 믿습니까?

· 우리는 십자가 없이 무엇이 이루어지기를 기대하고 있지 않습니까?

능력 부족, 믿음 부족

눅 9:37-45

워런 W. 위어스비는 37~45절에 제자들의 능력의 부족이 나타나 있고, 46~56절에는 제자들 간에 사랑의 부족이 나타나 있고, 57~62절에는 훈련이 부족한 자는 예수님의 제자로서는 적합치 못하다는 사실을 보여 주고 있다고 하셨습니다.

예수님과 세 제자가 산에서 내려 오시니 큰 무리가 모여 들었습니다. 그때 무리 중에 한 사람이 큰소리를 지르며 자기 아들을 한 번 돌아보아 달라고 했습니다.

그 아들은 외아들인데 귀신이 들렸다는 것입니다. 그런데 제자들에게 데리고 왔으나 제자들은 무능했습니다. 왜 무능했습니까?

믿음의 결핍 때문이었습니다. 사실 성도는 믿음이 없으면 무능하기 짝이 없는 존재가 되는 것입니다. 제자들은 예수님의 능력을 수없이 보아 왔으며 그들 자신들도 전도하러 나가서 많은 역사를 체험한 자들입니다. 그럼에도 불구하고 그들에게 문제가 주어질 때 그들은 무능하기 짝이 있는 존재로 나타나게 되었던 것입니다.

· 나는 믿음이 있습니까?

미성숙 된 제자들

눅 9:46-56

제자들은 아직도 사랑이 부족했습니다.

그리고 누가 크냐 하는 문제로 변론이 일어났습니다. 믿음이 없다고 책망 받은 제자들은 또다시 믿음만 없을 뿐 아니라 사랑이 부족했음을 드러내어 놓았던 것입니다.

제자들은 아직도 예수님의 십자가를 이해하지 못하고, 하나님의 나라를 현세적인 의미로 알고 있었습니다. 그래서 누가 더 높은 가를 다투었던 것입니다.

예수님은 제자들의 미성숙과 마음의 상태를 아시고 겸손해야 하나님의 나라에서는 큰 자요 어린 아이를 영접하는 것이 곧 나를 영접하는 것이라고 가르치셨습니다. 그리고 또 누가 예수를 전하든지 바로 전하는 자는 다 예수를 위하는 자라고 제자들의 질문에 대답을 하셨습니다.

그리고 또 복음을 받아들이지 않는다고 요한과 야고보는 하늘에서 불이 내려와 복음을 받아들이지 않는 자들을 멸하기를 원하십니까 하고 예수님께 묻다가 또 꾸중을 듣게 되었습니다. 말씀과 능력을 잘못 사용하면 사랑이 없는 자가 되어 버립니다. 참된 믿음은 사랑이 있는 믿음, 즉 능력이 있는 믿음입니다.

제자가 가야 할 길

눅 9:57-62

주님을 따르는 길은 세상적인 안정된 생활을 보장하거나 영광의 길이 아닙니다.

오히려 배척받고 고난받는 길입니다.

그러므로 주님의 일은 감정으로 결정해야 될 일이 아닙니다. 일편단심 주님만 바라보고 뒤에 있는 것은 버릴 각오가 되어 있어야 하는 것입니다.

특히 일단 주님께 헌신하기로 목적을 세운 이상 그 목적을 향해 똑바로 나아가야 하는 것입니다.

오늘 본문에 있는 세 부류의 사람들은 다 제자가 될 수 없었습니다. 첫 번째 사람은 자원하여 따랐지만 희생과 자기 부인을 요구할 때 자기의 목적과 어긋나기에 떠나가는 사람입니다.

두 번째 사람은 예수님의 부르심을 받았으나 십자가를 지고 자기를 부인하지 않았기에 주님을 따를 수가 없었습니다.

세 번째 사람 역시 자원은 해놓고 앞을 보지 않고 뒤를 돌아보았기 때문에 그리스도를 따를 수 없었습니다.

우리가 일단 주님께 나아왔으면 그분께 내 인생 전체를 맡기고 주님만 바라보고 따라가야 할 것입니다.

세상으로 파송되는 일꾼들

눅 10:1-16

그리스도인들은 하늘의 백성이며 예수님의 제자입니다.

그러나 활동무대는 세상이며, 세상에서 복음을 세상 사람들에게 전해야 합니다.

예수 그리스도를 전파하는 일은 불신자나 정부가 하는 것이 아니라 그리스도인들이 해야 합니다.

성도의 큰 기쁨과 특권은 하나님의 뜻을 행하는 것입니다.

분명히 세상에는 선택되어진 자들이 많으나 그들에게 복음을 전하고 인도해야 할 사명자들이 필요합니다. 복음을 거역하는 자들에게는 화가 있지만 복음을 전하는 자들은 복이 되는 것입니다.

우리는 세상에 파송된 그리스도의 일꾼이요 사명자라는 사실을 깨닫고 있습니까? 사명감에 불타고 있습니까?

내가 살아있는 동안에 해야 할 일이 무엇이라는 사실을 분명히 깨닫고 있으며 그 일에 최선을 다하고 있습니까?

우리는 세상에 파송된 일꾼이라는 사실을 믿고 오늘도 내일도 최선을 다하는 삶이 되기를 바랍니다.

성도의 기쁨

눅 10:17-24

성도의 기쁨은 세상의 기쁨과 차원이 다릅니다.

17~19절에는 봉사의 기쁨에 대해서 말합니다.

20절에는 구원의 기쁨에 대해서 말합니다.

21~24절에는 하나님의 뜻이 이루어지는 기쁨입니다

제자들, 즉 70인 성도들은 영적인 승리에 대하여 기뻐하였습니다. 그러나 예수님은 그것보다 더 기뻐해야 될 큰 기쁨이 있는 것을 말하셨습니다. 그것은 저들의 이름이 하늘에 기록된 것을 기뻐하라고 하셨습니다.

우리는 봉사의 기쁨보다 구원 얻은 기쁨이 더 크고, 또 우리가 하나님의 주권에 순종할 때 계속적으로 기쁨을 누릴 수가 있는 것입니다.

예수님은 하나님, 즉 성부의 말에 순종하므로 기뻐하셨습니다.

나는 정말 하나님의 뜻에 순종하므로 기쁨을 맛보고 있습니까?

영적인 승리로 기쁜 것입니다.

구원 얻은 것도 영원한 기쁨입니다.

그러나 이제 한 단계 더 올라가 하나님의 뜻에 순종하므로 얻어지는 기쁨이 충만하기를 바랍니다.

성도의 삶

눅 10:25-37

"이를 행하라. 그리하면 살리라. 가서 너도 이와같이 하라."
어떤 율법사가 예수님에게 찾아와서 "무엇을 하여야 영생을 얻으리이까?" 물을 때에 예수께서 말씀하셨습니다.

1)하나님을 사랑하는 삶을 살아야 한다는 것입니다. 어떻게 사랑해야 됩니까? 마음을 다하고 목숨을 다하고 힘을 다하여 사랑해야 합니다. 즉 하나님을 전심으로 사랑해야 한다는 의미입니다.
2)이웃을 내 몸처럼 사랑해야 합니다. 예수님께서 늘 강도를 만난 자를 구원해 준 비유를 말씀하시면서 "가서 너도 이와같이 하라"고 하셨습니다. 사랑이 무엇입니까? 내 몸처럼 사랑하는 것입니다. 사랑은 헌신이요, 희생이요, 행하는 것입니다. 나는 하나님을 얼마나 사랑합니까? 이웃을 얼마나 사랑합니까?

주님이 보실 때 좋은 편

눅 10:38-42

우리는 언제나 주님이 무엇을 원하시는가를 생각해야 합니다. 여기에 마르다의 봉사가 잘못되었다는 표현은 아닙니다. 주님은 무엇보다 주님의 말씀에 귀를 기울이는 것을 더 좋아하십니다.

우리가 진정으로 주님을 존귀히 여긴다면 무엇보다 주님의 말씀에 귀를 기울일 것입니다. 우리가 심방할 때 대접하는 것도 중요하지만, 그러나 그것보다 더 중요한 것은 우리 가정에 주시는 말씀에 더욱더 귀를 기울여야 할 것입니다.

우리의 봉사나 구제나 대접이나 모든 것이 먼저 말씀을 듣고 거기에서 우러나오는 것이어야 하는 것입니다.

우리가 무지하거나 영적인 지각의 눈이 어두우면 쓸데없는 일에 시간과 에너지를 낭비하게 되는 것입니다.

우리는 예수 그리스도가 제일 먼저이고, 다음이 다른 사람들이고, 그 다음이 자기 자신이어야 합니다.

우리는 매일매일 주님과 함께 말씀을 나누는 생활이 필요합니다.

· 나는 무엇을 중히 여기고 있습니까?

기도에 대한 교훈

눅 11:1-13

예수님께서 신앙생활에 대한 교훈을 하시면서 기도에 대해 먼저 교훈하셨습니다.

특별히 제자들에게 기도를 가르쳐 주셨는데 누가복음 11:1-4의 기도는 마태복음 6:9-15의 기도문을 압축해 놓은 것입니다.

기도는 하나님 아버지께 드리는 것입니다. 예수님께서 성도의 신앙생활 중 기도, 사단, 영적인 기회, 위신 등의 문제를 다루면서 기도를 제일 먼저 가르치셨습니다.

이것은 기도의 우선성을 나타내고 있습니다. 기도의 우선성과 중요성은 아무리 강조해도 무리가 아닙니다. 그리고 기도는 하나님이 우리의 아버지가 되시는 부자관계, 즉 영적인 관계에서만 가능한 것입니다.

허공에다 부르짖거나 막연히 고함 지르는 행위가 아닌 것입니다.

그리고 기도는 우선성 뿐 아니라 지속성을 강조합니다(5~8절).

기도는 단회적이 아닙니다. 기도는 약속이 실천되는, 열 배가 보장됩니다. 우리는 기도의 중요성, 우선성, 응답의 확실성을 믿습니다.

하나님을 아버지로 믿는다면 기탄없이 기도해야 할 것입니다.

귀신을 쫓아내신 예수님

눅 11:14-28

우리는 사실 영적인 전쟁 상태에 있습니다. 영적 전쟁에는 중립이 없습니다.

우리는 사단의 지배 하에 있느냐? 성령의 능력에 사로잡혀 있느냐? 둘 중에 하나입니다.

사단은 흩어지게 하고 파괴하지만 예수 그리스도는 모으시고 세우십니다.

사람의 몸은 귀신의 집도 될 수 있고 성령의 전도 될 수 있습니다.

예수님이 귀신을 쫓아내니까 어떤 사람들은 기이히 여겼습니다. 그들은 비난하고 귀신의 왕 바알세불을 힘입어 귀신을 쫓아낸다고 했습니다. 바알세불은 블레셋 족속의 신인 바알의 이름 가운데 하나로서 파괴의 왕이란 뜻이었는데 주거의 왕이란 뜻으로 변형되었습니다.

사실 바알세불은 사단의 별칭입니다.

우리의 마음 속에 하나님의 나라가 임하면 사단은 도망갑니다. 물 없는 곳은 보통 마귀의 처소를 의미합니다. 왜냐하면 지옥은 물없는 곳이기 때문입니다. 진정으로 복된 자는 사단을 정복하고, 성령의 인도 위에 사는 것입니다.

염려 말고 먼저 그 나라와 그의 의를 구하라

눅 12:22-34

하나님은 하나님의 백성들을 고아와 같이 버려두지 아니하십니다. 피조물 중 가장 귀한 존재로 지으시고 우리를 구원하시기 위해 독생자를 희생시킬 계획을 하시고 이루신 분이 무관심하시겠습니까?

그러므로 세상살이 때문에 염려나 근심하지 말고 하나님의 나라를 소망하며 추구하는 것을 더 소중히 여겨야 할 것입니다.

염려하거나 근심하지 말 것은 그것이 결코 상황을 변화시킬 수 없기 때문입니다. 또 유익이 없기 때문입니다. 염려와 근심이 쌓이는 이유는 하나님에 대한 신뢰가 부족하고 하나님이 누구신지 모르기 때문이라고 지적하고 있습니다.

염려는 '찢어 떼어낸다'는 뜻입니다(22절). 그리고 근심은 걱정하는 상태의 마음을 의미합니다(29절).

원래 본문에 기록된 염려는 '목을 졸라맨다'는 뜻에서 유래된 말이기도 합니다. 그러므로 염려는 파괴적이며 불필요한 행위에 기만적이며 기형적인 것입니다.

염려는 신앙 있는 자들의 태도가 아닙니다. 우리가 염려를 극복할 수 있는 비결은 하나님께서는 인간의 필요를 다 아신다는 것입니다. 그리고 아실뿐 아니라 필요를 충족시켜 주시는 분이시라는 사실입니다. 그러므로 성도는 하나님 나라를 위해 살아야 하며, 거기에 마음을 두고 하나님을 위해 인색하지 말아야 합니다.

· 우리는 우리의 마음이 예상적인 것에 고정되어 있습니까?
· 그 나라와 그의 의를 추구하고 있습니까?
· 하나님이 어떤 분이시며, 그 하나님을 절대 신뢰하고 있습니까?

표적을 요구하는 민중

눅 11:29-36

세상이 악할수록 표적을 요구합니다.

말 한마디를 그대로 믿고 신용하던 시대는 양심시대요 도덕이 정착된 시대였습니다.

무리들이 하늘로서 오는 표적을 요구했습니다.

요나의 표적은 물고기에게 삼켜 죽었다가 3일 안에 다시 살아난 사건을 의미합니다.

예수님께서 죽으신 후 다시 부활하심으로 하나님의 아들이시요, 메시아됨을 입증하실 것을 의미하는 말씀입니다.

우리가 믿음의 눈으로 예수님을 바라볼 때 우리의 눈이 열리고, 귀가 열릴 줄 믿습니다.

우리가 세상의 빛과 소금의 사명을 잘 감당할 때, 그것이 바로 하나님의 자녀된 표시요 표적이 되는 것입니다.

보고 믿는 자보다 보지 않고 믿는 자가 더 좋은 믿음이요 큰 믿음인 줄 믿습니다.

종교 지도자들의 죄와 미칠 화

눅 11:37-54

예수님은 유대의 종교 지도자들에 의해 계속 사역의 방해와 괴로움을 당했습니다.

이들은 예수님을 죽이려고 결탁을 했습니다.

그런 상태에 바리새인이 예수님을 식사에 초대를 했다는 사실에 여러 가지 해석이 있습니다. 아마 예수님을 고발할 기회를 찾기 위한 수단이었다고 해석하는 자들도 있습니다. 예수님은 영적 분석력이 확실하신 분이십니다. 자기를 초청한 바리새인의 생각을 아셨습니다. 예수님은 바리새인의 어리석음을 지적하셨습니다(37~41절). 바리새인들은 내적으로는 사악하면서 외적인 정결만 준수했던 것입니다. 하나님은 겉도, 속도 같이 정결하기를 원하신다는 사실입니다.

바리새인들은 구제나 기도나 모든 행위가 전시효과나 외식이었습니다. 예수님께서 바리새인과 서기관들의 죄악을 고발하며 경고했습니다. 그들은 십일조를 드리되 인격보다 명성을 중요시 했습니다. 그들은 백성에게 해를 끼쳤습니다. 짐을 지우는 데는 익숙했으나 짐을 져 줄 줄은 몰랐습니다. 그들은 과거 보존에만 열중했지 앞으로의 사역에는 관심이 없었습니다.

그들은 하나님의 말씀을 일반인들에게는 전하지 않았습니다.

서기관들과 바리새인들은 자성하고, 회개하기보다 예수님의 경고의 말씀을 듣고 분노했습니다. 성도는 주님의 말씀을 깨닫고, 기도해야 하는 것입니다.

주님은 우리를 사랑하십니다.

그러기에 경고하십니다.

우리는 깨닫고, 회개하고, 변화되어야 합니다.

· 나는 주님의 말씀을 깨닫습니까?
· 오해하고 분노합니까?

마땅히 두려워할 자

눅 12:1-12

예수님은 계속적으로 외식과 위선에 대하여 경고하셨습니다.

이것은 모두 전지전능하신 하나님을 두려워하지 않는 데서 일어나는 행위인 것입니다.

하나님은 사랑의 하나님이신 동시에 공의의 하나님이십니다. 우리를 지키시고 보호하시지만 우리의 행위를 다보고 계십니다. 생활의 위선도 가식적인 인격자를 만들지만 종교적인 위선은 지옥 자식을 만드는 것입니다.

우리는 위선은 어리석고 미련한 행동임을 알아야 합니다. 위선의 근본 원인은 하나님을 두려워하지 않고 사람을 두려워하기 때문입니다. 우리는 공개적으로 하나님을 믿고 의지하며 성령께 의지해야 합니다.

예수님은 구속의 주로 이 땅에 오셨지만 심판의 주로 오시기도 하신 것입니다.

하나님을 보여 주어도 믿지 않는 자는 심판의 대상이며 핑계치 못할 것입니다.

우리는 늘 하나님을 의식하고 살아야 합니다.

주님 앞에서의 위선은 주님이 가장 싫어하시는 행위입니다.

내 모습 그대로 내어놓고 회개하고 도우심을 구해야 할 것입니다.

하나님이 보실 때 어리석은 자

눅 12:13-21

예수님께 어떤 사람이 간청을 했습니다.

그 내용은 자기 형에게 분배된 유산을 혼자 다 취하지 말고 동생에게도 나누어 가지도록 자기 형을 설득시켜 달라는 내용입니다.

그 당시 랍비는 법적인 문제를 해결하는데 도움을 주는 역할을 할 권한이 있었습니다.

그러나 예수님은 이런 간청하는 문제를 해결할 수 있는 능력이나 권위가 없어서가 아니라 그 사람의 문제에 개입되기를 거절하셨습니다. 그것은 예수님이 이 땅에 오신 목적이 아니기 때문입니다. 예수님은 필요를 해결할 수 있고, 또 들어 주시지만 탐심을 채워 주시는 분은 아니십니다.

그리고 예수님은 인류의 구원사역을 위해 오셨지 인류를 위해 봉사하려고 오신 분은 아니십니다. 탐심에 의한 물질에 대한 욕구가 있는 한 지혜로운 자가 될 수 없습니다. 물질은 영혼 문제를 해결하지못합니다. 탐심은 영적인 눈을 어둡게 합니다.

우리는 하나님께 대하여 부요하기를 열망해야 합니다.

어리석은 부자 비유에서는 영적인 문제에 너무나 무식하고 오직 나 외에는 다른 사람을 생각지 않는 개인주의, 육체주의, 지상주의에 빠진 자입니다.

우리는 하나님께 대하여 부요해야 어리석지 않는 자가 됩니다.

준비하고 기다리는 생활

눅 12:35-53

신앙생활은 과거와 현재와 미래가 다 연결되는 생활이어야 합니다. 과거에 사로잡혀 있어서도 안됩니다.

현실주의자가 되어서도 안됩니다. 현실을 무시하고 미래만 추구해서도 안됩니다.

과거에 대한 반성과 경험, 현재에 충실, 미래를 준비하고 기다리는 삶이어야 합니다.

예수께서 현재의 삶에 대해 염려하지 말라고 하시고, 미래의 삶에 대해서는 준비하고 기다리는 생활을 하라고 하셨습니다.

유대인의 결혼식은 밤중에 거행되었습니다.

신랑의 종들은 주인이 신부를 데리고 집으로 올 때까지 기다리고 있어야 했습니다. 그런데 본문의 비유에서는 주인이 종들에게 봉사하였습니다.

유대 나라의 전통적인 모습과는 정반대입니다.

이것은 만왕의 왕 되시는 주님이 우리를 위해 봉사하시는 모습을 교훈하신 것입니다.

오늘 본문에서 깨어 있다는 것은 준비와 경계, 긴장된 상태를 의미합니다.

그리고 예수님이 오실 때까지 항상 충실히 준비하며, 자기에게 주어진 일에 최선을 다한다는 것입니다.

우리는 주님이 오실 때까지 신실한 종이 되어야 합니다.

깨어 있고 준비하는 자가 복된 자입니다.

우리는 기도하면서 주님이 내게 맡기신 일에 충실하고 있습니까?

시대를 분별하는 지혜

눅 12:54-59

신앙생활은 시대를 분별하는 지혜가 필요합니다.

시대를 분별할 줄 모르면서 신앙생활을 잘할 수 있다는 것은 언어도단입니다.

영적인 우둔은 신앙 성장을 불가능하게 합니다.

사람들이 기후를 식별하는 것처럼 영적인 사건들에 대해 식별할 줄 아는 지혜가 필요합니다. 사람들이 오랜 경험으로 기온의 변화나 폭풍우를 예감하면서도 하나님의 심판은 예견하지 못하는 경우가 대다수입니다.

이스라엘 사람들도 지중해를 중심으로 일어나는 기상의 변화를 잘 분별하면서도 예수님이 보이시는 시대적인 표적을 분별하지 못했습니다. 그 이유는 예수님의 교훈과 사역을 외면했기 때문입니다.

하나님은 영원하신 심판주이시요 재판장이십니다. 누구든지 빠짐없이 하나님 앞에 심문을 받게 될 것입니다.

· 나는 주님의 사역을 이해합니까?
· 하나님의 말씀을 깊이 묵상하고 있습니까?
· 주여! 우리의 영적인 지각이 어둡지 않게 하옵소서.

누구든지 회개해야 한다

눅 13:1-9

유대인들은 전통적인 종교에 사로잡혀 있었습니다.

그런데 그들은 종교의 내용보다 의식에 사로잡혀 있었습니다. 반면에 총독 본디오 빌라도는 정권욕에 중독되어 있었습니다. 그러나 그는 유대 종교에 대해서는 무지했기 때문에 유대인들과 사이좋게 지내지를 못했습니다. 그래서 그가 재임시 로마 국기를 예루살렘에 가져오기도 했고, 예루살렘 성 안에 가이사의 상을 놓아 유대인들을 격분케 하기도 했습니다.

그리고 이에 대항하는 사람들을 무차별로 죽였습니다.

1절에 언급된 발라도의 잔악행위는 빌라도가 수로공사를 위한 자금을 성전 기금에서 충당했을때 발생한 사건입니다.

빌라도의 정책에 반대한 유대인들이 집결했을 때 민간인 복장을 한 병사들이 무기를 사용해서 무차별 학살을 했던 것입니다.

유대인들의 전통적인 의식 중에 하나가 죄를 지으면 현세에서도 그에 상응하는 벌을 받는다는 생각과 의식을 가지고 있었습니다.

그러므로 갈릴리에서 유대인들의 난동을 빌라도가 무차별로 죽인 것이나 실로암의 망대가 무너져 많은 사람이 죽은 것은 분명히 죄로 인한 것처럼 보였던 것입니다.

그러나 예수님의 경고와 교훈은 재난이 모두 사람들의 죄의 경중을 구분하는데 기준이 될 수 없다는 것입니다. 누구든지 회개하지 않으면 재앙이 기다리고 있다는 사실을 경고하신 것입니다.

"만일 회개치 아니하면 다 이와 같이 망하리라"(3절)는 말씀은 예외가 없다는 사실을 강조합니다.

다음 6~9절의 포도원의 비유에서 포도원에 심은 무화과나무는 이

스라엘 민족을 나타내고, 하나님은 이스라엘 민족에게 열매를, 즉 영
적인 열매를 기대하신다는 것입니다.

하나님은 우리에게 상당한 기간과 여유의 기회를 주고 계십니다.
회개의 합당한 열매가 없으면 올바른 회개가 될 수 없습니다.

· 나는 회개하는 생활을 합니까?
· 하나님께서 참고 계신다는 사실을 깨닫습니까?

안식일에 관한 교훈

눅 13:10-21

본문은 회당에서 안식일에 관한 율법적 질문에 대답하신 내용입니다.

예수님께서 18년 동안 장애자로 고난당하는 자를 안식일에 치유하여 주셨습니다.

이 여인은 18년 동안 고통을 당하면서도 회당을 떠나지 않고 하나님의 도우심을 간절히 소원했으나 헛수고였습니다.

여기에서 깨달을 수 있는 것은 사단은 사람을 굴복시킨다는 사실, 즉 육체의 불편을 주기도 한다는 사실과 죄를 짓게 하고, 고난과 슬픔을 당하게 한다는 것입니다.

그러나 예수님은 죄인을 자유케 하시고, 육신을 온전케 하시는 분이십니다.

그런데 회당장은 예수님이 치유해 주신 기적에 대하여 함께 기뻐하기는 커녕 분개했습니다(14절). 그리고 그 분개를 무리들에게 터뜨렸던 것입니다.

자기는 병고할 능력칠 없으면서 안식일에 병을 고쳤다고 분개하며 시비했던 것입니다.

그는 무능한 율법주의자였습니다.

예수님은 휴머니티가 없는 회당장을 책망하셨습니다. 안식일은 영적으로 사단에게 묶여 있는 자를 풀어 주고 고통당하는 자를 구출하는 날이기도 한 것입니다.

우리는 죽은 전통보다 생명을 구원하는 일이 더 긴급하고 중요하다는 사실을 알아야 합니다.

좁은 문으로 들어가기를 힘쓰라

눅 13:22-30

얼마나 많은 사람들이 구원 받을 것인가 하는 구원 얻을 자의 숫자에 대한 관심은 옛날이나 지금이나 변함이 없습니다.

예수님의 대답은 구원의 숫자에 대한 관심보다 내가 구원받을 것인가, 그렇지 못할 것인가에 대하여 더 관심을 가지라고 말씀하셨습니다.

서기관들은 구원 얻은 자의 숫자에 대하여 관심을 가지면서도 내가 구원받을 것인가에 대해서는 관심이 없었던 것입니다.

우선 먼저 내가 구원을 받고 구원의 확신이 있는가가 더욱 중요한 문제입니다. 내가 구원을 받고 그후 다른 사람을 구원받도록 인도해야 할 것입니다. 그것은 물에 빠져 사경을 헤매는 자가 같이 물에 빠진 이웃을 구원할 수 없는 것과 같습니다.

여기에서 우리에게 주는 교훈은

1)구원은 좁은 문으로 들어가는 자가 적은 것처럼 쉽지 않고, 많지 않다는 사실입니다. 멸망으로 인도하는 길은 편하고 많지만 구원으로 인도하는 문은 좁고 가는 이도 적다는 것입니다.

2)구원은 믿음으로 얻는 것이지 종교적인 교제로 얻는 것이 아니다는 것입니다. 많은 사람들이 주님과 함께 식사하고 주님과의 친교를 가졌지만 그들은 주님을 하나님의 아들로, 또한 구주로 믿지는 않았습니다. 하나님께서 이스라엘 백성들에게 남다른 특권을 주셨지만 그들은 그 기회와 특권을 허비해 버렸습니다. 교회 다니고, 직분 받고, 활동한다고 해도 그 속에 구원의 확신이 없으면 구원을 얻지 못한다는 것입니다.

3)구원을 얻지 못하는 자들의 공통점은 교만입니다. 그들은 하나님

앞에 경배하지 못했음을 알 수 있습니다.

4)그리고 가장 큰 이유는 34절에 "그들이 구원을 열망하지 않았다"
는 것입니다. 그들은 그들의 지식으로 말씀을 가르쳤습니다(26
절). 그리고 예수님의 이적에 감동도 했습니다. 그러나 그들 자신
은 구원받기를 원하지 않았다는 것입니다. 우리는 좁은 문으로
들어가기를 힘써야 되는 것입니다. 영적인 갈망과 노력이 있어야
되는 것입니다.

예루살렘과 예수님

눅 13:31-35

예루살렘은 거룩한 성전이 있는 도성입니다.

이스라엘과 유대 백성들은 예루살렘을 특별히 하나님이 임재하시는 장소로 간주하였습니다. 유월절이면 전국에서 예루살렘으로 모여들어 제사를 드렸습니다.

예수님은 헤롯 대왕의 아들인 헤롯 안티바스가 다스렸던 베뢰아 지역에 계셨습니다. 바리새인들과 헤롯당원들은 예수께서 유대로 되돌아오기를 원하고 기다렸습니다.

그것은 유대 지역에서라야 종교 지도자들이 예수님을 감시하고, 체포할 수 있었기 때문입니다. 그래서 바리새인들은 예수님을 위협하여 유대로 도피하도록 유도하였던 것입니다. 헤롯은 예수님의 행적의 소문을 듣고 두려워 하였습니다. 그것은 자기가 죽인 세례 요한이 살아난 것이 아닌가(눅 9:7-9) 생각하기도 하고, 한편으로는 예수님을 만나서 그분이 행하는 이적을 한 번 보기를 원했습니다(눅 22:8). 그러나 헤롯은 그것보다는 마음이 완고해져서 예수님을 죽이기를 원했던 것같습니다.

바리새인들이 제공한 정보는 사실입니다.

그러나 예수님은 조금도 두려워하지 않으셨습니다. 주님은 하나님의 계획과 시간표에 따라 행하셨습니다. 왜냐하면 인류를 구원하기 위해 오신 주님은 아버지의 뜻을 이루어야 하기 때문입니다.

예수님은 유대인들이 회개하고 변화되기를 원하셨지만 그들은 주께서 보내신 선지자들을 죽이고, 종교적 기득권과 정치적 야망의 노예가 되어 있었던 것입니다.

사실 예루살렘은 하나님의 특별한 임재의 도성이었는데, 예수님을

죽이고 선지자의 피를 흘리는 역사의 오점을 남기는 도성이 되었으며
심판의 대상이 되었습니다.

　우리는 역사에 오점을 남기지 않도록 기도해야 합니다.
　주님의 자비와 베푸시는 기회를 외면하지 말아야 합니다.

안식일에 대한 잘못된 개념

눅 14:1-6

예수님은 바리새인들 중 한 지도자의 만찬에 초청을 받으셨습니다. 유대인들은 안식일에 매주 회당예배를 마친 후 식사를 나누는 경우가 많았습니다.

때때로 집주인이 예수님을 초청하여 예수님의 교훈을 진지하게 듣고 배우기 위해(원하여) 만찬을 베풀기도 했습니다.

그러나 어떤 경우는 바리새인들이 예수님께 책잡을 것을 찾기 위해 예수님을 초청하기도 했습니다. 예수님은 사람의 마음을 다 알고 계시기에 그들의 함정에 빠져들지 않으셨습니다. 누가복음 14장에는 다섯 부류의 사람들이 있었습니다. 예수님께서는 그들의 사고방식이나 생활양식의 그릇된 점을 지적하셨습니다.

예수님을 초청한 바리새인은 고창병 환자도 초청해서 안식일에 고치는가, 고치지 않는 가를 보려 했습니다.

고창병은 신장병과 만성 심장병 또는 간장병까지 겹쳐 합병증으로 근육조직에 물이 고이는 고통스러운 질병이라고 합니다. 바리새인들은 예수님을 책잡기 위해 고창병이 든 사람을 도구로 이용할 정도로 사악한 자들이었습니다. 정말 자비스러운 감정이나 모습은 찾아 보기 힘든 자들이었습니다.

그래서 이들은 안식일에 이런 고통스러운 사람을 살리는 것(고침)도 비율법적인 행위로 정죄하려고 했던 것입니다. 그러나 예수님은 고창병이 든 사람을 고치셨습니다. 예수님은 안식일에 귀신을 쫓아내셨고(눅 4:31-37), 열병을 치유하셨습니다(눅 4:38-39), 이삭을 자르는 것을 허용하셨고(눅 6:1-5), 불구자를 걷게 하셨고(요 5:1-9), 오른손 마른 자도 안식일에 고치셨고(눅 6:6-10), 귀신들려 불구가 된 여인을 구원하셨으며(눅 13:10-17), 날 때부터 소경된 자를 보게 하셨습니다(요 9장).

예수님은 바리새인들의 안식일을 준수하는 규례가 너무나 잘못되어 있음을 아셨습니다.

바리새인들은 안식일에 가축이 위험에 처하면 죽도록 방치하지 아니했습니다.

그러면서 천하보다 귀한 생명을 치료하고 고치는 일에는 반대한 것이 얼마나 모순스러운 행동입니까?

예수님께서는 바리새인들과 서기관들의 잘못된 신앙, 잘못된 경건을 폭로하셨습니다.

실제로 그들은 하나님을 부인하면서 하나님이 주신 율법을 옹호한다고 주장하는 것은 얼마나 모순된 일입니까?

그들은 하나님의 진리를 보호하기보다 인간의 전통을 더 중요시하고 집착했던 것입니다.

· 우리는 자신의 습관, 취향, 감정, 주장을 하나님의 진리보다 더 내세우는 일은 없습니까?

모든 사람 앞에서 자기를 낮추라

눅 14:7-11

하나님은 교만한 자를 낮추십니다.

자기를 낮추는 자를 높이십니다.

사람들은 자기를 드러내기를 원합니다.

그래서 다른 사람이 인정해 주기보다 자기가 자기를 선전하는 시대에 살고 있습니다.

우리는 간증이라는 미명 하에 자기 신앙고백이 아닌 선전이 되지 않도록 조심하고 노력해야 할 것입니다.

우리는 다른 사람을 하찮게 여기는 태도를 경계해야 합니다. 지렁이도 밟으면 꿈틀거립니다. 자신의 지위를 과시하려는 태도나 행위는 인간관계를 파괴해 버립니다.

예수님 시대에는 초청한 주인과 가까이 앉은 사람일수록 신분이 높은 사람이었습니다.

우리 시대는 잘못된 성공관으로 피곤해 있습니다. 아인슈타인은 "성공한 사람이 되려고 하지 말고 유용한 사람이 되려고 하시오"라고 했습니다. 억지로 획득한 명예는 일시적이나, 유용한 사람으로 인정받는 명예는 오래갑니다.

예수님은 자신의 신분에만 관심 있는 자들의 잘못된 인식을 경고하시고 교훈하셨습니다.

특히 교회의 직분은 명성이 아닙니다.

일의 분담과 조직, 그리고 질서를 위한 직책이지 명예나 지위가 아닙니다.

오늘 직분에 대한 잘못된 인식이 교회를 부패시키고 어지럽게 하는 것입니다.

　더더구나 교회의 중직은 문자 그대로 중직입니다. 무거운 직임이지 감투가 아닌 것입니다. 그러므로 일을 많이 하는 자, 일을 많이 할 각오가 되어 있는 자가 중직이 되어야 할 것입니다. 예수님 시대에 율법 교사들은 자신들은 행하지 않고 가르치는데 숙달되어 있었고 거리에서나 인사받고, 높임받는 데만 관심이 있었던 것입니다.

　예수님은 잘못된 명성이나 지위에 대해 지적하시면서 겸손할 것을 교훈하셨습니다.

· 나는 겸손합니까? 교만합니까?
· 나는 얼마나 낮아져서 봉사하고 있습니까?

잘못된 초청이나 환대

눅 14:12-14

누가복음 14장은 계속적으로 잘못된 사고 방식이나 생활습관, 그리고 종교생활을 지적하는 내용입니다.

1~6절까지는 바리새인들의 안식일에 대한 잘못된 관습과 외식적인 경건을 지적하셨습니다.

7~11절은 교만한 삶의 스타일이 잘못되었음을 지적하면서 겸손할 것을 교훈하셨습니다.

12~14절은 잔치에 초청할 때 초청 대상을 지금까지의 풍속으로 바꾸어야 한다는 내용입니다. 유대인들은 손님을 초청할 때 두 가지 목적이 있었습니다. 첫째는 자기가 지난 날에 다른 사람에게 초청받아 대접을 받았기 때문에 그것을 보답하기 위하여 초청했습니다.

둘째는 앞으로 잔치에 자신을 초청하도록 하기 위해 먼저 초청하는 경우입니다.

그러므로 이러한 환대는 사랑과 은혜의 표현이 아니라 오히려 교만과 이기주의의 증거였던 것입니다. 예수님은 잔치에 초청할 때 보상 받을 수 없는 대상을 우선으로 하라고 교훈하셨습니다. 우리가 남에게 호의를 베푸는 것은 보상이나 칭찬을 받을 목적이 아니라 하늘나라 상급을 위해서 하고, 예수 그리스도의 사랑을 드러내는데 목적을 두어야 하는 것입니다. 상급은 두 번 주지 않습니다. 이 땅에서 상급을 받은 자는 하나님 앞에서는, 즉 하늘나라에서는 받을 수 없는 것입니다.

우리는 교회에서도 세상 사람과 똑같은 방법, 오히려 한술 더 떠서 칭찬하고 추스려 왔기 때문에 주님이 원하시는 태도와 방법과는 너무나 동떨어지게 체질화 되어 있습니다.

우리는 희생과 봉사에 관심을 두기보다 이윤과 손실에 더 관심을 쏟고 민감하여 '내가 무엇을 얻을까?' 하는데 종교가 동원되고 있는 것입니다.

나는 지금까지 어떤 사람을 초청했는지 반성해야 되겠습니다.

잘못된 확신을 지적하심

눅 14:15-24

유대인들은 착각 속에 살았습니다. 그들은 자신들만이 하나님의 선택된 백성이며 하나님의 잔치에 참석할 특권이 부여된 자들로 착각하였습니다. 그러나 예수님은 정반대의 말씀을 하셨습니다.

예수님께서 하나님의 나라를 잔치 비유로 설명하셨습니다. 그리고 하시는 말씀이 유대인들은 하나님의 초대를 가볍게 생각하고 거절했기 때문에 오히려 하나님의 나라에 참여할 수 없다고 생각했던 이방인들이, 그리고 소외되고 버림받은 자들이 초대받아 하늘나라, 즉 잔치집을 가득 채우게 되었다는 설명입니다.

혼인 잔치의 초청을 거절한 사람들은 상업적인 문제, 가정적인 문제, 또는 억지 변명을 늘어 놓으면서 거절했습니다.

사실 이미 매매가 다 끝났는데, 밭을 보거나 소를 시험해 보는 것은 우스운 일입니다. 잔치를 주인이 완벽하게 준비하였으며 모자람이 없는 잔치였습니다. 그리고 주인의 자비로운 초청을 거절한 자들은 다시는 잔치에 참석할 기회나 특권을 주지 않은 채 주인은 진노를 발했던 것입니다.

그리스도인들의 삶은 잔치에 초대받은 삶이지 장례식에 참예하는 것이 아닙니다. 모든 것을 하나님이 준비하셨기에 모자람이 없습니다.

하나님은 빈자리가 없이 채우기 위해 가정이나 거리나 골목이나 산울 가로, 그리고 온세상에 나가서 부지런히 초청해 오기를 원하십니다.

"아직도 빈자리가 있습니다."

지금이 기회입니다. 기회는 항상 있는 것이 아닙니다.

· 나는 주님의 부름과 성령의 감동에 어떤 태도를 취하고 있습니까?

영적인 계산

눅 14:25-35

예수님을 따르는 대다수의 사람들은 영적인 것에 관심이 없었습니다. 어떤 사람들은 이적만 보기를 원했고, 어떤 사람들은 굶주린 자들을 먹이신다는 소문을 듣고 모였습니다. 그리고 또 어떤 사람들은 로마제국을 전복시키고 유대인의 왕으로 군림하여 무너진 유대 나라를 재건하는 줄 알았습니다. 이제 예수님은 양보다 질을 추구하셨습니다. 예수님의 제자로서의 각오와 희생, 그리고 어느 길이 소망이 있는 길인가를 계산하고 따르기를 원하셨습니다. 즉 맹목적으로 따르기보다 비싼 대가를 치를 각오를 하고 또 그 결과가 어떻게 될 것인 가를 알고 따르기를 원하셨습니다.

우리가 하늘나라를 소유하기 위해서는 엄청난 요구를 하셨습니다. 모든 것을 버리고 오직 주님만 따르는 일에 전념할 것을 요구하셨습니다.

우리는 어떤 희생이 있을지라도 끝까지 주님을 따를 수 있는지 충분히 계산을 해보고 주님을 따라야 할 것입니다.

예수님은 우리에게 강요하기보다 스스로 주님께 헌신하기를 원하십니다.

예수님의 제자가 제자로서의 사명을 다하지 못하면 맛 잃은 소금처럼 무용한 존재가 되는 것입니다.

나는 어떤 각오로 주님을 따르고 있습니까?

찾음의 기쁨

눅 15:1-10

누가복음 15장은 모두 잃었다가 다시 찾게 되었다는 비유입니다. 그것은 모두 찾음의 기쁨 곧 구원의 기쁨을 나타낸 것입니다.

바리새인들은 죄인들을 비판했으나 예수님은 그들의 부족을 아셨고, 그들을 돕고자 하셨습니다. 누가복음 15장에는 '기뻐했다' 는 말이 반복해서 나옵니다.

하나님께서는 회개한 죄인들을 용서하시고, 구원하신다는 구원의 메시지입니다.

그런데 잃은 양이나 잃은 은전은 목자가 주인을 찾았고, 잃은 아들은 스스로 회개하고 돌아왔습니다. 이것은 구원은 하나님의 전적인 은혜로 받지만, 그 과정에는 인간의 역할도 있다는 사실을 드러내는 것입니다.

이것은 하나님의 주권과 인간의 책임을 나타내고 있는 것입니다.

누가복음 15장에 세 종류의 교훈(비유) 중에서 세 가지의 기쁨을 볼 수 있습니다.

첫째는 찾음의 기쁨입니다(1~10절).

둘째는 돌아옴의 기쁨입니다(11~24절).

셋째는 용서의 기쁨입니다(25~32절).

목자가 잃은 양을 찾는 것은 목자되시는 예수님의 사역입니다. 여자가 잃은 드라크마를 찾는 것은 성령의 사역으로 해석합니다.

그리고 탕자가 돌아오는 것을 기쁘게 맞이한 것은 성부의 사역을 나타냅니다.

하나님은 죄인을 찾아 구원하시기 위해 모든 노력을 아끼지 아니하십니다.

성령께서도 죄인이 회개하여 하나님께 돌아오게 하십니다.

인간은 잃어 버린 양이나 잃은 드라크마처럼 스스로 돌아올 능력이 없습니다.

하나님의 열심과 사랑이 죄인을 구원하신 것입니다.

우리는 본래 잃어 버렸던 자인데 예수 그리스도의 십자가의 사랑과 성령의 감동과 인도로 구원을 받게 되었습니다.

돌아옴의 기쁨

눅 15:11-24

본문의 비유는 아버지의 변함없는 사랑을 나타내고 있습니다.

집을 나간 둘째 아들이 허랑방탕하여 결국 처참한 모습으로 전락했습니다.

그러나 아버지는 깨닫고 돌아오기를 늘 기다렸습니다.

이것은 죄인이 돌아오기를 기다리시는 아버지의 사랑을 교훈하고 있는 것입니다.

둘째 아들이 아버지의 영향권을 벗어나 자유를 추구한 것은 자유가 아니라 방종입니다.

자유와 방종은 다른 것입니다.

결국 방종의 결과는 돼지보다 못한 생활을 하게 된 것입니다.

이것은 하나님을 떠난 인간의 삶의 결국이 이렇게 비참해진다는 교훈입니다.

그리고 하나님은 회개를 그렇게 기쁘게 여기시고 과거를 묻지 않고 용납하시는 것입니다.

잃은 양은 부지런히 찾아다녀서 찾았습니다.

잃은 드라크마는 부지런히 쓸면서 찾았습니다. 양은 남자가 잃어버렸습니다.

은전은 여자가 잃어 버렸습니다.

양은 100마리 중 한 마리입니다.

은전은 10개 중 하나입니다.

아들은 두 아들 중 하나입니다.

양은 들에서 잃어 버렸습니다. 은전은 집에서 잃어 버렸습니다. 아들은 스스로 나갔지만 세상의 유혹에 끌려간 것입니다. 세상의 유혹은 결국 파멸로 이끄는 것입니다.

돌아온 아들에게 아버지는 옷을 갈아 입혔습니다. 옷은 신변입니다. 가락지는 약속을 의미합니다. 신은 활동 영역입니다.

우리는 신분이 변하고, 약속에 확신이 있으며, 주님을 위하여 열심히 활동하고 있습니다.

용서하시는 아버지

눅 15:25-32

인간은 하나님 아버지께로 돌아갈 때 기쁨이 있고, 인간 본연의 자세를 찾게 되고 회복하게 되는 것입니다.

품꾼의 하나로 받아들여 주는 것만해도 황송하고 천만 다행으로 생각했을 것입니다.

그러나 변함없는 사랑으로 아들로 맞이해 주었습니다. 반지는 아들 됨의 표시입니다.

종들은 반지가 없습니다. 제일 좋은 옷은 아버지가 준비한 옷입니다. 종들은 절대로 입을 수 없는 옷입니다.

만일 둘째 아들이 율법에 의해 처리되었다면 그곳에는 잔치가 아니라 진노와 호령의 현장이 되었을 것입니다. 아버지 하나님은 용서하시는 분이십니다.

용서가 없는 곳에는 기쁨이 없습니다.

용서하는 곳에 기쁨이 있고 화목이 있습니다. 바리새인과 서기관들은 탕자의 형처럼 율법적이었습니다. 탕자는 육신적인 죄를 지었지만 바리새인들과 서기관들은 영적인 죄를 지었습니다.

물론 형은 열심히 일하고 아버지께 순종도 잘했습니다. 그러나 그에게는 아버지를 사랑하지 않았고 형제를 사랑하지도 않았습니다.

우리가 다른 것을 다 잘해도 위로 하나님을 사랑하고 아래로 이웃을 사랑하지 아니하면 하나님이 주신 계명을 다 깨트리는 것입니다. 사랑은 용서입니다.

하나님을 사랑하는 것은 하나님의 뜻이 이루는 것입니다.

여기에서 형은 자기를 의롭게 여기는 죄인입니다. 동생은 자기를 죄인으로 인정하는 의인이 된 것입니다. 아버지의 뜻보다 자기의 뜻에 맞지 않는다고 분노한 형은 하나님의 사랑을 파괴했던 것입니다. 우리는 현재보다 과거에 대한 선입관 때문에 사랑하지 못하는 자는 없습니까? 모든 문제의 해결은 사랑입니다. 모든 비극의 해결도 사랑입니다.

청지기의 사명

눅 16:1-13

예수님께서 불의한 청지기 비유를 하시면서 청지기의 사명에 대해 교훈하셨습니다.

특히 청지기는 재산을 올바르게 사용하고 관리할 줄 알아야 합니다.

미국의 경제 신문인 월 스트리트 저널(The Wall Street Journal) 지에 '천국을 제외하고는 어디든지 갈 수 있는 것이 돈이고, 돈은 세계적인 여권이요 행복 외에는 무엇이든지 살 수 있는 품목'이라고 했습니다.

예수님은 물질적인 부에 대하여 상당히 많이 말씀하셨다는 사실에 놀라지 않을 수 없습니다. 누가복음 16장에서 인생은 청지기이며 하나님이 주신 기회를 지혜롭게 사용해야 되는 진리를 가르치고 있습니다. 그중에 특별히 물질의 올바른 사용과 그릇된 사용에 대하여 말씀하십니다.

어리석은 청지기는 주인의 것을 자기의 것처럼 임의로 낭비하는 자입니다.

그러나 지혜로운 청지기는 주인의 뜻대로 사용하는 자입니다.

우리는 물질의 청지기이며 시간의 청지기입니다.

그리고 주님이 주신 각종 은사와 능력의 청지기이며 복음의 청지기입니다.

지혜로운 청지기는 잔꾀를 부리는 청지기가 아니라 앞날을 대비하는 청지기입니다.

하나님께서 재물을 주신 것은 나누어 주기 위해 맡기셨다는 사실을 강조하고 있습니다.

우리는 오는 세상에 대하여 어떤 대비를 하고 있습니까?

오늘 우리의 난관과 당면하고 있는 문제는 앞날을 생각지 아니한 계획과 도시계획, 교육계획, 모든 제도들 때문입니다.

유럽에 가면 백년을 계획하여 만들어 놓은 도시들이 천년이 넘도록 변함없이 유지되고 있는 것을 봅니다.

· 나는 현실주의입니까?
· 내일을 대비하고 있습니까?
· 얼마나 멀리 보고 결정하고 행동 합니까?

잘못된 삶의 결과

눅 16:14-31

바리새인들은 예수님의 비유의 교훈을 듣고 비웃었습니다.

바리새인들은 엄격히 율법을 준수했음에도 불구하고 돈을 좋아하고, 악한 것들을 장려하는 우를 범했습니다. 저들은 신앙으로 사람을 평가하기보다 세상 사람들과 똑같은 기준으로 사람을 평가했던 것입니다.

바리새인들은 세례 요한의 사역을 못마땅하게 생각했습니다. 그리고 요한이 하나님의 선지자인 줄 알면서도 요한을 죽게 내버려 둔 자들입니다.

그리고 한걸음 더 나아가 예수 그리스도 사역을 거부했고, 결국 예수님을 십자가에 처형하는데 앞장을 선 자들이었습니다.

부자와 나사로 비유는 탐심과 불신앙의 결과가 어떻게 된다는 것을 교훈한 것입니다.

부자와 나사로는 삶의 내용이 너무나 대조적이었습니다. 그리고 그들의 사후도 역시 너무나 대조적이었습니다.

부자는 호화로이 살았습니다.

그러나 나사로는 병들었고 가난할 대로 가난한 자였습니다.

이 두 사람은 결국은 다 죽었습니다. 부자도 죽고 나사로도 죽었습니다.

성경의 나사로는 아브라함 품에 들어가고 부자는 장사되었다고 기록하고 있습니다.

아마 나사로가 먼저 죽은 것 같습니다.

나사로는 천사들에게 받들려 아브라함 품에 들어가고 부자는 사람들의 손에 의해 무덤에 장사지내게 되었습니다.

그런데 부자는 고통 고민이라는 말을 세 번이나 반복해서 말합니다. 지옥은 고통을 받는 곳이고 천국은 천사들에 의해 받들림을 받는 곳입니다.

부자의 삶의 방법은 자기를 위한 것이 없습니다. 그래서 고통 중에도 자신을 위해 기도했습니다. 한걸음 더 나아가 형제들을 위해서도 기도했습니다. 그러나 그의 기도는 부르짖음의 때를 놓쳐 버린 것입니다.

기도가 응답되지 않는 곳이 지옥입니다.

· 나의 삶의 스타일은 어떠합니까?

용서에 대한 교훈

눅 17:1-6

누가복음 17장 역시 교훈에 관한 내용입니다.

1~6절은 용서에 대한 교훈입니다. 7~10절은 충성에 대한 교훈입니다. 11~19절은 감사에 대한 교훈입니다. 20~37절은 준비에 대한 교훈입니다.

바리새인들은 용서하기보다 정죄하는데 숙달된 자들입니다. 작은 자 하나라도 실족케 하는 것은 죄입니다. 여기에서 작은 자는 어린 아이를 말하기도 하지만 새신자, 또는 그 당시 세리들과 죄인들을 의미하기도 합니다.

다른 사람을 실족케 하는 죄는 심각한 죄입니다.

우리는 범죄한 자를 곤경에 빠뜨리거나 상심케 만들 것이 아니라 그 사람을 회개하도록 격려해야 할 것입니다. 그리고 범죄한 사람이 회개한다면 용서해야 할 것입니다.

용서없이 사랑을 실천한다는 것은 불가능한 것입니다. 용서에는 고통이 수반됩니다.

말 한마디로 "용서합니다"라고 말한다고 되는 것이 아닙니다. 상대방에게 상처를 입혔다면 그 상처를 치유하기 위한 대가를 지불해야 할 것입니다.

어떤 경우에는 용서하기보다 정죄하고 미움을 키우고 확장시켜 나가는 경우도 없지 않습니다.

믿음과 사랑은 용서없이 성장할 수 없고, 좋은 인간관계의 유지도 용서의 실천이 반복될 때만 가능한 것입니다.

· 나는 지금 용서 못하고 있는 대상은 없습니까?
· 용서없이 올바른 사랑이 가능하다고 봅니까?
· 미움의 대상이 있다면 지금 어떻게 하겠습니까?

충성에 대한 교훈

눅 17:7-10

예수님께서 용서에 대해 말씀하신 후 충성에 대해서 교훈하셨습니다. 예수님의 교훈 속에서 깨달을 것은 지금까지 내려오던 습관이나 고정관념과는 너무나 대조적이었다는 사실입니다. 무제한의 용서를 교훈하시고, 충성 역시 보상을 바라는 삶으로 하는 것은 바람직하지 않다는 것입니다. 좋은 주인의 명령을 따르는 존재이지 결코 주인으로부터 대접받는 대상이 아님을 그 당시 상식화된 종의 제도를 들어 교훈하셨습니다.

사실 산 믿음의 표현은 충성입니다. 충성은 희생, 봉사, 헌신이 있어야 하는 것입니다.

의무는 보상을 바라는 것이 아닙니다. 특권은 의무를 행해야 하는 것입니다.

우리는 주님의 종들입니다. 그러므로 우리의 의무에 대해 원망하지 말아야 합니다.

우리는 주님의 종이기 때문에 세상의 일과는 다르게 합니다. 그러므로 세상의 노예처럼 할 수 없어서 노예 근성을 가진 태도로 의무를 수행하지 말아야 합니다.

그리고 상급 때문에 의무를 수행하는 태도도 삼가야 됩니다. 우리는 이미 하나님의 자녀가 되었고, 구원을 얻었습니다. 그러므로 주님의 은혜에 감사해서 자원하는 종이 되어야 합니다. 주님의 사랑에 감사해서, 주님을 뜨겁게 사랑하는 마음으로 충성해야 하는 것입니다. 사랑에 감격하는 충성은 결코 무거운 짐이 될 수 없습니다. 주님을 섬기는 것은 기쁨이지 의무인 것만은 아닙니다.

남편을 섬기는 것은 기쁨이지 아내이기 때문에 해야 된다면 무거운 짐이 될 수 있습니다.
　우리는 올바른 충성에 길들여져 있습니까?
　고정관념이 잘못되었다면 고쳐야 하는 것입니다.

올바른 감사

눅 17:11-19

예수님께서 사마리아와 유대 지경의 경계선에서 열 명의 한센씨 환자를 동시에 치유하셨습니다.

집단 치유, 즉 같은 부류의 병든 집단을 치유하신 사건은 이 사건 외에는 기록상에는 없습니다. 그런데 이 열 명의 한센씨 환자 중에서 사마리아인 한 사람이 끼여 있었습니다.

사실 유대인들은 사마리아 사람들과는 상종도 안했는데 같은 병이 들고 나니 같이 어울려 있었던 것 같습니다.

사실 병들고 나면 신분도, 출신도 따질 겨를이 없는 것입니다. 이 사람들은 사회에서 추방된 자들입니다. 예수님께서 이들의 간구를 들으시고 제사장에게 가서 보이라 할 때 모두 같이 갔다는 것은 모두 순종했다는 것입니다.

그런데 여기서 지적하는 것은 아홉 명의 한센씨 환자는 감사하지 않았다는 것입니다.

무슨 의미 입니까? 병낫기 위해서는 다 순종했습니다. 그러나 자발적인 감사는 한 사람밖에 하지 않았다는 것입니다.

예수님께서 병이 낫거든 내게 와서 감사하라고 명령하시지는 않고 왜 그렇게 서운하게 생각하셨습니까?

주님은 자발적인 것을 더 원하신다는 것입니다. 그리고 은혜 받은 자는 필히 자발적인 감사가 있어야 하는 것입니다. 예수님은 사마리아 사람이나 유대인이나 차별없이 은혜를 베푸셨는데 감사는 사마리아 사람만 했다는 것입니다.

이 사마리아 사람은 육체 치유의 은혜만 받은 것이 아니라 영혼 구원까지 받게 되었습니다. 그러므로 감사는 축복의 열쇠입니다. 감사를 잘하는 자는 더 큰 축복을 받을 징조인 것입니다.

　나는 자발적인 감사를 잘합니까?

　나는 겉으로는 순종을 그런대로 하는데 자발적인 감사는 메마르지
않았습니까?

성도의 삶은 준비하는 삶

눅 17:20-37

유대 백성들은 기다리며 사는데 훈련된 백성들입니다. 그리고 그들의 역사가 또 그렇게 만들었습니다. 유대인들은 그들이 고대하는 메시아가 오시면 이방 세력을 물리치시고, 예루살렘은 회복되어 통일제국이 이루어질 것으로 믿었습니다. 그러나 여기에서 기다리고 준비하는 생활을 하라는 주님의 교훈은 정치적인 나라가 아니라 예수님이 다시 오시는 날로서 심판과 구원의 날이며, 세상은 종말이 되고 하나님의 나라가 이루어지는 날인 것입니다. 특히 주님의 재림은 어느 한 부분에서 일어나거나 아는 사건이 아니라 온 세상에 영향을 끼칠 것이기 때문에 '여기 있다', '저기 있다' 해도 현혹되지 말아야 할 것입니다.

예수님의 재림은 너무나 확실하지만 그 시기와 때는 아무도 모른다는 것입니다.

그래서 노아의 홍수시대와 소돔과 고모라의 멸망을 예를 들어 말씀하셨습니다. 재림을 대비치 못하고 세상에만 취하여 사는 자는 재림의 때가 비극의 날이 될 것임을 경고하셨습니다.

주님의 재림이 임박할 때는 세상이 도덕적으로 타락하고 여러 가지 종말의 징조가 있을 것이라고 말씀하셨습니다.

주님이 오실 때는 지붕 위에 있든지, 밭에 있든지 무엇인가를 구하려고 급히 집으로 갈 필요가 없다는 것입니다. 롯의 처처럼 소돔과 고모라에 있는 것들을 아쉬워 하다가 소금기둥이 되었듯이 필요없는 행동이라는 것입니다.

예수님의 재림의 날은 신자와 불신자를 확실하고도 엄격하게 구별하는 날입니다.

우리는 항상 준비하는 생활을 해야 됩니다.

예수님의 재림은 전적으로 재림을 연구하는 날이 아니라 주님의 오심을 준비해야 하는 것입니다.

기도는 응답할 때까지 하라

눅 18:1-8

누가복음 18장에는 과부, 바리새인, 부자 청년, 거지 소경 등 네 부류의 사람들이 나옵니다.

먼저 원한이 있는 과부가 불의한 재판관에게 끈질기게 부르짖어 소원을 풀게 되었다는 내용입니다. 여기 불의한 재판관은 가난한 과부의 부탁은 안중에 없는 자입니다. 즉 정의보다 수입 쪽에 관심을 가지고 권력을 남용하는 자입니다.

그 당시의 과부들은 거의가 다 가난했습니다.

이 비유에서 불의한 재판관도 살 수 없는 여자요, 남편이 없는 여자요, 가난하여 물질을 바칠 수 없는 여자요, 법적인 보호를 받지 못하는 여인의 하소연을 들어 주었다는 것입니다. 그러기에 하물며 이방인도 아닌 하나님의 자녀들에게, 그리고 우리를 대언해 주시는 대언자 성령이 계시고, 또 하나님의 말씀으로 약속하셨는데 들어 주시지 않겠느냐? 그러므로 낙망하지 말고 기도하라는 것입니다.

이 불의한 재판관은 여자가 자꾸 찾아와 번거롭게 하여, 즉 명성을 훼손하는 여자가 찾아와서 자꾸 부탁을 하니 명성이 떨어질까 염려하여 과부의 소원을 들어 주었다는 것입니다.

그러나 하나님은 자신의 영광과 우리의 유익을 위해 결코 짜증을 내지 않고 들어 주시는 분이십니다. 우리가 왜 항상 기도해야 합니까? 하나님이 들어 주시기 때문입니다.

낙망은 무익합니다. 기도는 응답됩니다.

· 우리는 어떤 일이 있을 때 낙망합니까? 기도합니까?
· 계속 기도합니까? 기도할 때 믿음으로 합니까?

교만에 길들여진 바리새인

눅 18:9-17

본문의 예수님의 비유는 주로 바리새인들을 대상으로 해서 한 것입니다. 그들은 자신들이 의롭다고 생각하고, 다른 사람들은 멸시하는 것이 그들의 심성이요 삶의 모습이었습니다. 그래서 남다른 복장, 남다른 걸음, 남다른 자리, 외적으로 다르다는 것을 드러내려고 노력했습니다. 그러다가 보니 외식이 체질화 되어 버렸고, 교만이 몸에 배어 버리게 된 것입니다. 특별히 그들은 성전에 올라가 기도할 때 기도라기보다 많은 사람에게 듣게 하려는 광고와 같았습니다. 그래서 언제나 예수님 앞에서 책망을 받았습니다. 그런데 문제는 바리새인들이 자신들의 외식적인 행동이 옳고 예수님이 그릇되었다고 생각해 버리는 기만적인 모습은 정말 슬프고 한심한 일이 아닐 수 없었던 것입니다.

세리는 자신이 죄인임을 회개하면서 하나님의 자비를 구하는 기도를 했습니다.

예수님은 어린 아이를 불러서 예수님 앞에 세우고 어린 아이처럼 순진하고, 겸손할 것을 강조하셨습니다.

어린 아이처럼 겸손과 믿음과 신뢰를 가져야 된다는 것입니다. 여기에서 어린 아이처럼 되라는 것은 어린 아이와 같이 유치하게 되라는 의미가 아닙니다. 교만은 순수성을 잃은 것이요, 믿음이 없는 행위요, 진실이 결여된 행위입니다. 그리고 신뢰가 상실된 데서부터 나타나는 모습입니다.

· 나는 교만에 길들여져 있지 않습니까? 순수성이 있습니까?
· 항상 부족을 느끼면서 하나님의 자비를 구합니까?

한가지 부족한 청년

눅 18:18-34

누구든지 예수님께 나아오면 기쁨이 있고, 고침을 받고, 깨닫고, 처음보다 나중이 나아집니다.

그러나 부자 청년이요(마 19:20), 관원의 신분인 이 사람은 예수님께 스스로 찾아 나왔지만 한 가지 부족한 것을 시정할 수 없어서 나쁜 상태로 돌아간 자입니다. 사복음서 중에서 유일하게 예수님을 만나고 슬픈 기색으로 돌아간 자입니다.

본문에는 근심하며 돌아간 것을 나타내고 있습니다.

이 사람은 이웃에 대한 계명을 다 지켰다고 예수님께 말했습니다. 그러나 자기의 것을 팔아 이웃에게 베풀고 돌보라는 말씀에는 심히 근심하며 돌아갔으니 얼마나 부정직한 태도입니까? 계명을 지켜 행한 자가 어떻게 이웃을 돌보는 일에는 순종하지 아니합니까?

그는 종교생활이 형식적이었고 체면치례였음이 드러나게 된 것입니다.

그는 영생을 얻고자 하는 욕구가 재물에 대한 욕구보다는 약했습니다.

이 부정직한 부자는 예수님을 선한 선생님으로 불렀습니다. 사실 선하다는 표현은 하나님께만 사용하던 시대입니다(시 25:8, 34:8, 86:5, 106:1). 그러므로 예수님을 하나님으로 믿는다는 표현인데 실제로는 하나님으로 믿지 않았음이 드러났습니다. 그러니까 솔직하고 정직하지 못했다는 것입니다.

이 부자 청년은 자신의 가치관을 바꾸지 않고 자신의 삶의 스타일도 바꾸지 않은 채 영생을 추구하고 그리스도인이 되겠다는 모순된 신자의 모델이 됩니다.

　예수님은 이 부자 청년이 재산을 팔아 가난한 자들에게 나눠 주어야 구원 얻는다는 의미가 아니라 부자 청년의 위선적인 율법 지키는 것을 지적하신 것입니다. 즉 그의 정직하지 못한 행위와 언어를 지적하신 것입니다.
　언제나 거짓에는 그 열매에 기쁨이 없습니다

거지의 믿음

눅 18:35-43

부자관원 얘기 다음에 거지 얘기가 나오는데 너무나 대조적입니다.

예수님이 여리고를 떠나실 때 두 명의 소경 거지를 만나게 되었습니다(마 20:29-30).

물론 누가복음에는 두 명이라고 밝히지는 아니했으나 마태복음에는 두 명으로 밝히고 있습니다. 소경이 길가에 앉아 있다가 예수님이 지나 가신다는 소문을 듣고 소리 질러서 "다윗의 자손이여 나를 불쌍히 여겨주시옵소서"라고 부르짖어 호소하게 되었던 것입니다.

그 당시에 눈이 멀었다는 것은 치유 불가능한 병이었습니다. 그리고 소경이 먹고 사는 길은 구걸밖에 없었습니다.

그러나 이 소경 거지의 생활은 거지생활이었으나 믿음은 부자였습니다.

생활도 거지, 믿음도 거지라면 얼마나 불행하고 소망없는 생존이겠습니까?

두 소경은 그들 앞에 온갖 장애가 있었음에도 불구하고 이 기회를 놓칠 수는 없다는 각오로 "다윗의 자손 예수여 나를 불쌍히 여기소서" 하고 부르짖게 되었습니다.

예수님을 '다윗의 자손'인 줄 알았다는 사실은 벌써 예수님이 예언된 오실 메시아이심을 믿었고, 그가 자신들의 눈을 뜨게 하실 수 있는 능력자로 믿었다는 것입니다.

앞에서 언급된 부자 청년, 그리고 관원이었던 그는 물질이 많이 있었으나 믿음은 없는 영적인 가난뱅이었고, 이 소경은 물질이 없는 거지였으나 믿음은 부자였습니다.

예수님께서 부자 청년이 율법을 지켰다고 말하는 그의 믿음이 거짓임을 드러내셨고 거지 소경의 믿음이 진실이었고 그들의 고백과 간구가 솔직했음을 드러내셨습니다. 우리가 세상의 것을 가진 것은 적고, 가난하다고 할지라도 믿음은 부자가 되어야 될 줄 압니다.

· 나는 위선적인 믿음을 가지고 있습니까?
· 진솔한 믿음을 가지고 있습니까?
· 믿음의 부자입니까?

잃어 버린 자를 찾아 구원하시는 예수님

눅 19:1-10

누가복음 19장에는 예수님이 오신 목적, 그리고 그의 사역의 핵심을 드러내는 내용입니다.

삭개오를 찾아 가심으로 말미암아 버림 받은 자를 찾으시는 구세주이심을 나타내고(1~10절), 11~27절은 충성된 자에게 보상이 있다는 사실을 드러내고 있습니다. 예수님은 심판의 주가 되신다는 것입니다,

28~48절은 평화의 왕으로 오신 예수님을 나타내고 있습니다.

삭개오는 예수님이 어떠한 사람인가 보기를 원했습니다. 그러나 그는 키가 작고 사람은 많아 장애가 있었습니다. 그런데 뜻하지 않게 예수님이 찾아오셔서 예수님을 만나게 되어 그의 생애가 180도 달라지는 역사가 일어났습니다. 예수님 얼굴이라도 보기 위해 뽕나무에 올라간 삭개오를 찾아와서 부르시고, 예수님이 자청해서 삭개오 집에 머물겠다고 하셨던 것입니다.

삭개오는 수입이 좋은 직업과 부를 누리고 있었습니다. 그러나 그의 직업은 다른 사람을 착취하는 관례의 직업이어서 평판이 좋지 못했고, 미움을 받고 있었습니다. 삭개오는 '의로운 자'라는 의미인데 이름에 맞지 않는 직업과 생활이었습니다.

그리고 본인도 죄책감과 키도 작고 하니 열등감이 있었던 것같습니다.

예수님은 사모하는 자에게 찾아오시고 만나 주십니다. 예수님을 만나면 변화됩니다. 키가 작은 삭개오가 예수님을 만난 후 큰 자가 되었습니다. 작다는 것은 표준 미달입니다. 사실 우리는 모두 표준 미달입니다.

그러나 하나님의 은혜로 큰 자가 되었습니다. 삭개오는 예수님을 만난 후 기쁨이 충만했습니다. 예수님을 즐겁게 영접했습니다. 누가복음에는 기쁨과 즐거움이란 단어가 20회 이상 기록되어 있는 것이 특징입니다.

구원의 체험은 기쁨을 동반하는 것입니다. 우리가 예수님을 믿게 된 것은 예수님이 우리를 찾아오셨기 때문입니다. 우리는 언제나 예수님과 함께 위하고 동행하므로 기쁨이 충만하고 변화된 삶이 이루어지기를 바랍니다.

충성에 대한 보상이 철저하신 예수님

눅 19:11-27

유월절이 되면 로마 총독과 군인들은 비상 근무에 들어갑니다. 왜냐하면 유월절은 애굽의 노예상태에서 해방되었던 역사를 상기시켜 로마의 속국에서 해방되기를 더욱더 갈망하기 때문입니다. 물론 헤롯당은 로마와 타협하는 정치 집단이었으나 로마와 대항하여 생명을 걸고 유격전을 전개하는 과격한 열심당원들도 있었기 때문입니다.

수많은 무리들은 예수님께서 하나님의 나라를 세울 것으로 기대하고 있었습니다. 그러나 그들이 기대하는 하나님의 나라는 유대가 회복되는 지상의 정치적인 나라였습니다.

그러나 예수님은 유대인의 왕으로 오신 분이 아니라 만왕의 왕으로 오셨고, 영원한 하늘나라를 위해 오셨습니다.

그래서 그것을 깨닫게 해 주어야 할 필요성을 느껴 열 므나의 비유를 하셨던 것입니다. 사실 이 비유는 엄격히 말하면 상급에 대한 교훈이기보다 구원에 대한 교훈입니다.

왜냐하면 올바른 충성은 구원의 확신없이는 불가능하기 때문입니다.

예수님은 만왕의 왕으로 다시 오실 것입니다. 그때는 모든 사람을 불러 계산하여 보상하실 것입니다.

충성치 못한 자는 구원을 받지 못한 자요 자기의 생각대로 행한 자들입니다.

예수님의 비유 중에는 세 부류가 있습니다. 충성된 복종을 한 자들은 열심히 장사를 해서 남겼습니다. 그러나 불충하고 불순종한 종은 순종치 않고 자기의 게으름을 정당화할 이론만 가지고 있었습니다.

그리고 또 한 부류는 원수들입니다.

주인의 왕됨을 원치 않았던 부류입니다.

이 부류는 주로 그 당시 이스라엘 백성들을 상징하는 것입니다. 이들이 예수님을 십자가에 죽이는데 앞장 섰던 것입니다.

자기의 감정과 생각대로 하는 것은 충성이 아닙니다.

하나님 중심의 충성은 구원의 확신 없이는 불가능합니다.

평화와 영광의 왕이신 예수 그리스도

눅 19:28-48

본문은 예수님께서 이 땅에 오신 목적을 성취하시는 최종적인 기간이었습니다.

나귀 새끼를 타고 예루살렘으로 입성하셨습니다.

구약 성경의 스가랴 9:9~10의 말씀을 이루기 위해서입니다.

요일별로 예수님의 마지막 주간의 사역을 보면 일요일, 즉 주일은 예루살렘에 입성하셨습니다.

월요일은 성전 정화를 하셨습니다.

화요일은 유대 지도자들과의 한판 논쟁이 벌어졌습니다.

수요일은 휴식의 날이고, 목요일은 유월절 준비의 날이었습니다.

금요일은 심문을 받고, 고문을 받고 처형된 날입니다.

토요일은 무덤에 묻히시고

주일 아침에 부활하셨습니다.

유대인의 하루는 일몰에서 다음 일몰까지이기 때문에 목요일 저녁이 유대인들의 유월절인 금요일이었습니다.

예수님이 나귀 새끼를 타고 예루살렘에 입성하실 때 대중적인 시위와 환영이 있었습니다. 이것은 환영하기 위해 인원을 동원하지 않고 자발적으로 이루어졌습니다.

경축의 환성의 내용은 하늘에 평화였습니다. 누가복음 2:14에 예수님이 오실 때 땅의 평화를 찬송하는 천사의 노래와는 차원이 다른 사람들이 하늘의 평화를 외쳤습니다. 이것은 하늘의 평화가 없이는 땅의 평화가 불가능하다는 의미가 될 수도 있습니다.

그러나 땅의 평화를 위해서는 예수님이 고난을 당하시고 죽으셔야만 하셨습니다.

성전이 정화되어야 했습니다.

예루살렘 입성시 무리들은 만세를 불렀으나 예수님은 우셨습니다. 평화가 이루어지지 않을 예루살렘의 멸망을 보고 우셨습니다. 성전은 성전으로서의 기능이 완전히 상실되었고, 백성들은 무지하여 평안을 주러 오신 예수님을 거부했기 때문입니다.

우리는 예수님을 바로 알지 못하면 불행합니다.

성전의 기능이 상실되거나 변질되면 불행합니다.

정직하지 못한 종교 지도자들

눅 20:1-19

누가복음 20장은 대제사장들과 서기관들과 장로들의 질문에 대한 답변과 교훈입니다.

물론 이들의 질문은 알고자 하는 목적의 질문이 아니라 예수님을 올무에 빠뜨리기 위한 교활한 음모의 질문이었습니다.

1~19절은 세례 요한에 관한 질문이었습니다.

예수님께서 기성 종교의 체제를 뒤흔들어 놓아 버린것에 대해 분개한 종교 지도자들은 어떻게 하면 예수를 올무에 빠뜨려 매장시킬까 연구했습니다.

그래서 예수님께 "당신은 무슨 권세로 이런 일을 하는지, 이 권세를 준 이가 누구인지 우리에게 말하라"고 강요했습니다.

권세는 사회적, 정치적, 종교적 체제에서의 성공을 위하여 중요한 것입니다.

권세가 없다면 세상에 혼란에 빠질 것입니다.

제사장들은 자신의 권세가 모세의 율법에서 전승되었다고 생각했습니다.

제사장들은 레위 지파에서만 가능했습니다.

모세의 율법에는 레위 지파가 성전 예배를 담당하도록 명시되어 있기 때문입니다.

서기관들은 율법을 연구해서 가르치는 자들이었습니다. 그래서 자기들의 권세는 랍비들에게서 유래되었다는 자만심을 가지고 있었습니다. 이는 서기관들이 랍비들의 율법 해석을 연구했기 때문입니다.

이스라엘 장로들은 씨족 사회의 유지들입니다.

그러므로 사회에서 인정을 받아 선출된 자들입니다.

이들이 예수님을 곤경에 빠뜨릴 질문을 한 것입니다. 어떤 대답을 해도 문제가 되는 질문이었습니다. 만일 예수님이 아무런 권세도 지니지 않았다고 하면 예수님은 성전에 침범하고 선지자들처럼 행동한 것에 대해 유대인들은 성전 모독죄로 뒤집어 씌울 것입니다.

반면에 예수님께서 하늘로부터 권세를 받았다하면 로마인들이 유월절에 자칭 메시아라고 하여 유대인을 선동하는 자는 다 제거하려고 하기 때문에 로마인들에 의해 곤경에 빠질 것입니다(행 5:34-39, 21:37-39). 예수님은 이것을 아시고, 먼저 질문하시고, 비유로 말씀하시고, 예언을 인용하셔서 그들이 수세에 빠지게 역공격하셨던 것입니다.

예수님은 저들에게 이스라엘 민족의 죄를 지적하셨습니다.

예수님은 종교 지도자들의 과거를 회고케 하심으로 과거의 선지자들에 대한 거부행동과, 현재 하나님을 반역하는 행위와, 말세에 받을 형벌에 대하여 비유로 말씀하셨던 것입니다.

위선과 정직하지 못한 종교 지도자들은 난처한 입장이 되어 버렸습니다.

우리는 항상 자신을 반성하며 회개하고 진실한 성도가 되어야 할 것입니다.

가이사의 것과 하나님의 것

눅 20:20-26

하나님의 아들이신 예수님은 사역중 늘 모함과 시험을 받았습니다. 그것은 적당주의나 타협주의가 아니셨기 때문입니다. 어두움은 빛을 싫어 합니다. 창녀 앞에 정조를 말하면 듣기 싫어 합니다.

대제사장들과 헤롯 당원들은 예수님을 책잡기 위해 미행하기도 하고, 위선으로 접근하기도 하고, 거짓된 칭찬을 하기도 했습니다. 그러나 예수님은 저들의 간교한 계략을 아셨습니다. 주민세(인두세)를 내라고 예수님이 답변하면 유대인들을 분노케 하게 되고, 주민세를 내지 말라고 하면 로마인들을 분노케 하는 결과가 되는 것입니다. 예수님의 답변은 가이사의 것이 따로 있을 리가 없고 모두 하나님의 것인데 예수님은 세상 정부와 하나님 사이에서 충성심을 구분하라고 말씀하지 않고 하나님께 대한 복종이 인간에 대한 복종과 상충되지 않을 때는 권세에 복종하라는 의미의 말씀을 주셨습니다.

그리스도인들은 구원받지 아니한 사람들에게 복음을 전하며 그리스도인들을 만드는 사명을 감당하는 훌륭한 시민이 되어야 할 것입니다. 우리는 양심을 거스리는 일을 하므로, 세상에서 조롱거리나 미움을 받으므로 하나님을 더 기쁘시게 하는 길이라는 잘못된 생각을 버려야 됩니다. 초대교회도 예수님의 복음 때문에 핍박은 받았으나 그들의 삶은 백성들에게 칭송을 받는 모범 시민이었습니다.

· 우리는 내가 도덕적으로나 양심적으로 잘못하므로 세상의 조롱거리가 되면서 그것을 핍박이라고 착각한 일은 없습니까?
· 복음과 상충되지 않는 윤리는 우리가 앞장 서서 지키고 솔선수범하고 있습니까?

부활 때의 모습에 관한 질문

눅 20:27-40

사두개인들은 창세기 38장과 신명기 25:5-10에 있는 말씀을 근거로 수혼에 관하여 질문을 했습니다. 수혼은 형이 죽으면, 즉 자식이 없이 죽으면 그 아우가 형을 대신해서 형수와 결혼하여 종족을 보존하는 원시적인 제도입니다.

사두개인들은 모세 오경만 성경으로 받아들였습니다. 그리고 천사들이나 영적 존재나 죽은 자들의 부활을 믿지 아니하므로 부활 교훈의 허구성을 지적해서 예수님을 올무에 빠뜨리려고 연구해서 교묘한 질문을 했습니다.

그 당시 제사장 반열에는 사두개인들로 구성되어 있었기 때문에 지금까지 부활이 없다고 가르친 그들의 교훈이 나사로가 다시 부활되는 기적과 예수님의 부활 교훈 때문에 도전을 받게 되었던 것입니다. 그래서 자기들 나름대로 교묘한 질문을 했지만 그들은 부활에 대해 너무나 무지하고 무식하다는 사실이 공개된 것이 되었습니다. 부활 때에는 이 세상의 가족관계가 내세까지 이어지는 것이 아니라는 것입니다.

결혼도, 출산도, 국가도, 가문도, 민족도 다 필요없고, 한 피 받아 한 몸 이룬 하나님의 가족이 되는 것입니다.

완전하고 새로운 질서의 나라요 삶인 것입니다.

우리의 몸도 지금과는 완전히 달라집니다.

· 부활 신앙을 가지고 있습니까?
· 잘못된 부활 신앙을 가지고 있지는 않습니까?
믿음 없는 자가 되지 말고 믿는 자가 되어야 할 것입니다.

다윗이 고백한 주님

눅 20:41-47

예수님은 다윗의 자손으로 오신다고 예언되었고 예언대로 다윗의 자손으로 오셨습니다. 그리스도가 다윗의 자손이라는 사실은 예레미야 25:3, 사무엘하 7:13-14, 이사야 11:1에 예언된 사실입니다.

하나님은 구세주 메시아가 다윗의 가문에서 나고 베들레헴에서 출생할 것이라고 예정하셨습니다(미 5:2).

유대 사람들이 예수님을 베들레헴 사람이라고 하지 않고, 나사렛 사람이라고 한 것은 예수님이 나사렛에서 사셨기 때문입니다(요 7:40-53). 예수님께서 시편 110편을 인용하여 다윗이 주님이라고 표현한 것은 메시아 자신을 가르킨다고 설명하셨습니다. 즉 다윗이 주님이라고 한 분이 어떻게 다윗의 자손이 될 수 있겠습니까? 인간족보 개념으로는 상식 이하의 논리인 것입니다.

그것은 메시아는 하나님의 사자, 인간이어야 한다는 신비입니다.

영원하신 하나님, 즉 메시아는 다윗의 주님이시지만 다윗의 혈통으로 몸을 입고 이 땅에 오셨다는 것입니다.

우리는 그리스도를 어떻게 알고 믿느냐가 구원과 영원한 생명을 결정하는 중대한 문제입니다. 그러나 바리새인들과 서기관들은 예수님을 그리스도로 믿지 않았습니다. 그것은 그들의 생각이 왜곡되었고, 그들의 마음이 완고했고, 그들의 눈이 어두워서(요 12:37-50) 오히려 주님을 배척하고, 주님을 따르는 자들까지 박해했던 것입니다.

바리새인들과 서기관들은 정직하지 못했기 때문에 주위에 나쁜 영향을 주는 위험스러운 존재들이었습니다. 이들은 은혜를 갈망하거나 인격적으로 거룩해지기를 갈망하지 않았습니다. 이들은 대중적인 명성만 원했습니다.

그래서 특별한 복장을 디자인해서 걸치고 다녔습니다. 특별한 인사와 칭호를 기대했습니다. 남다른 자리에 앉기를 원했습니다.

이들의 비극은 속임수적인 종교 행위와 자신들의 내용이 탈로날까 두려워 예수를 십자가에 못박기로 결의했던 것입니다.

회개하지 않고 자신의 위선이 탈로나지 않기 위해 정직한 자와 메시아를 없애 버리기로 결의한 이들에게는 오로지 하나님의 심판의 화만이 기다리고 있었던 것입니다.

- 나는 어떠합니까?
- 혹시나 자신의 위선이 탈로날까 감추려고 노력하고 있지는 않습니까?
- 회개하는 쪽보다 배척하는 스타일은 아닙니까?

현대판 서기관과 바리새인들이 하나님의 진노의 대상이요 교회를 세속화시키고 인본주의로 만드는 장본인입니다.

"주님, 내 눈을 밝혀 주님을 깨닫고 회개케 하여 주시옵소서."

신앙과 헌금

눅 21:1-4

올바른 신앙은 올바른 헌금이 드려져야 되는 것입니다.

신앙과 헌심, 헌신, 헌금은 불가분의 관계입니다.

하나님께 드려지는 것은 신앙의 표현입니다.

우리는 잘못하면 헌금의 질보다 양을 기준으로 하여 양에 눈독을 들이는 습성이 있습니다.

예수님은 헌금에 대하여 많은 관심을 가지셨습니다.

그래서 과부의 전 재산을 다 드린 것을 칭찬했습니다.

헌금은 객관적인 양이 아니라 주관적인 질입니다. 그리고 드려지고 난 다음에 남은 것이 얼마냐가 헌금의 기준입니다. 하나님은 헌금을 보시고, 우리의 영적인 상태를 보십니다.

제자들은 어마어마한 돈을 들여 지은 성전을 보고 놀랐지만 예수님은 그것에는 관심이 없으시고 성전 내에 있는 사람들의 신앙상태에 관심을 가지셨던 것입니다.

우리가 주님께 예배를 드릴 때도 예배순서가 질서있게 잘 짜여진 순서에 의해 진행되느냐도 무시할 수 없지만, 예배를 드리는 사람이 어떤 믿음과 마음의 자세로 드리느냐가 더 중요한 것입니다.

즉 신령과 진정으로 드리는 영적인 예배이냐는 것입니다.

그 당시 유대인들은 장소를 가지고 시비했습니다.

그러나 예수님은 예배의 대상과 예배 드리는 자의 신앙과 자세를 더 중요시 했던 것입니다.

· 나는 주님께 드려지는 헌금이나 정성이, 그리고 신앙의 고백이 주님의 관심을 끌도록 하고 있습니까?

미래에 대한 교훈

눅 21:5-19

누가복음 21:5부터는 미래에 대한 질문과 질문에 대한 답변을 하면서 교훈하신 것입니다.

예수님께서 성전을 떠나 감람산으로 가실 때 베드로와 야고보는 요한과 몇 가지 질문을 했습니다.

예루살렘 성전은 언제 파괴되고 무너집니까?

주님의 재림에 대한 징조는 무엇입니까?

이 시대의 종말에 대한 징조는 무엇입니까?

제자들은 이 세 가지 사건이 동시에 일어날 것으로 생각했습니다. 그러나 예수님의 답변은 서로서로 다른 시대에 발생할 것이라고 설명하셨습니다.

특히 마지막 때에는 환난이 있을 것임을 강조하고 있는데 공관복음 전체를 통해 볼 때 전반기 환난과 중반기, 후반기, 그리고 마지막 경고로 설명하셨습니다.

오늘 본문은 주로 앞으로 닥칠 미혹과 재난과 박해에 대한 예고이며 경고입니다.

8절에는 종교적인 미혹, 즉 종교적인 사기꾼들이 많이 일어나 기만할 것이라고 경고하셨습니다.

9~11절에는 전세계적인 재난을 예고하셨습니다.

전쟁, 기근, 지진, 죽음, 순교 등 전세계적인 혼동이 있을 것이라고 말씀하셨습니다.

그리고 12~15절과 16~19절에서는 국가가 가하는 박해가 있을 것이고, 또 개인이 가하는 박해가 있을 것이라고 말씀하셨습니다.

그런데 이런 일이 일어나도 주님의 권고는 두려워하지 말라는 것입니다. 이런 환난을 막거나 피할 길은 없으나 성도들은 두려워하지 말라는 것입니다.

사실 환난의 시기는 복음을 증거할 수 있는 절호의 기회입니다.

모든 역사는 하나님의 절대주권 하에서 이루어지기 때문에 우리는 주님을 의지하며, 안심하고 지내야 하는 것입니다.

· 우리는 주님을 위해 핍박과 고난을 잘 견디고 있습니까?
· 하나님은 하나님의 자녀를 환난에서 지켜 주실 줄 믿습니까?

예루살렘 멸망예고

눅 21:20-28

예수님께서 예루살렘의 멸망에 대하여 예고하셨습니다. 그러나 이것을 세상 종말에 일어날 징조와 혼동해서는 안됩니다.

예루살렘은 예수님 예언 후 정확히 40년 후, 즉 주후 70년에 로마장군 Titus에 의해 점령당하여 멸망했습니다.

역사가 요세푸스의 기록에 의하면, 그 당시 유대인 백만명 이상이 로마군에 의해 학살당했고 10만명 이상의 유대인들이 포로로 끌려갔다고 주장했습니다. 물론 예루살렘이 주후 70년에 멸망한 것은 첫번째 사건이 아닙니다.

이미 주전 586년에도 바벨론이 예루살렘을 파괴했습니다. 이때부터 이방인의 때가 시작된 것입니다. 지금도 예루살렘은 이방인인 아랍인에게 밟히고 있는 실정입니다.

아직도 이방인의 때가 차지 않은 것 같습니다. 예수님의 예언은 하나도 차질없이 이루어질 것입니다. 예수님이 다시 오실 때에는 은밀히 오시지 않고 모든 사람이 보도록 능력과 큰 영광으로 오실 것입니다. 그러므로 거짓 선지자들의 미혹에 빠지지 말아야 할 것입니다.

예수님께서 강조하신 것은 예수님이 반드시 다시 온다는 사실과 영적인 시대 감각이 예민해야 할 것을 가르치시고 있습니다.

그리고 우리는 항상 미리 준비하는 삶을 이루어야 할 것입니다.

· 나는 성경의 예언이 일점 일획도 차질없이 이루어진 것을 믿습니까?
· 세상 멸망의 여러 가지 징조가 보일 때 불안합니까?
· 소망이 실현될 날이 임박했음을 알고 오히려 더 기뻐하며 준비하는 생활을 합니까?

너희는 스스로 조심하라

눅 21:29-38

하나님의 나라는 예수님이 예고하신 여러 가지 징조들이 일어나면서 성취되어 갑니다.

예수님께서는 이런 징조들 속에 살아가는 성도들에게 두 가지 권고를 하십니다.

첫째는 알아야 된다는 것입니다. 즉 징조를 보고 깨달아야 된다는 것입니다. 신앙생활에는 영적인 지각이 발달되어야 합니다.

둘째로는 스스로 조심하여 깨어 있으라는 것입니다.

다시 말씀 드린다면 정신을 차리고 있어야 된다는 것입니다.

각성하고 경계하고 준비하는 생활을 해야 합니다.

우리는 세상의 유혹과 육신의 유혹에 빠져 영적으로 무지해지고 세상에 취해 버린다면 환난의 때가 닥쳐올 때 위험에 직면하게 될 것입니다.

특히 평온할 때는 마음이 해이해지고 미혹에 빠지기 쉽습니다. 신앙생활은 항상 준비하는 생활이요 조심하는 생활입니다.

늘 깨어 기도해야 됩니다.

영적으로 침체에 빠지지 않도록 해야 합니다.

늘 자신을 반성하며 성도로서의 삶에 충실해야 합니다.

나는 얼마나 성경을 묵상하고, 늘 기도하는 생활을 하고 있습니까? 신앙의 태만은 사단의 이용 대상이 될 가능성을 주는 것입니다. 늘 조심하고 정신을 차려야 됩니다.

"주여! 영적 침체에 빠지지 않도록 도와 주옵소서."

유월절 만찬

눅 22:1-23

유월절과 오순절과 초막절은 유대력에서 가장 큰 절기요 중요한 절기입니다(레 23장).

유대 남자들은 매년 예루살렘으로 올라가서 이 절기를 준수해야 합니다(신 16:16).

유월절 절기는 이스라엘이 애굽에서 해방된 것을 기념하는 해방절입니다(출 11~12장).

로마의 지배하에 있던 유대 백성들이 이때 민중 봉기가 일어날 가능성이 많기 때문에 로마 군인들은 비상 경계에 들어 갑니다.

예수님은 유월절을 계기로 예루살렘에서 어떤 사태가 일어날 것을 다 알고 계셨지만 앞장서서 예루살렘으로 상경하셨던 것입니다. 인류 구속의 역사를 이루기 위해 사건 속에 뛰어드신 것입니다.

이것은 하나님의 계획이요 오래 전에 기록된 구약성경의 말씀에 의하여 예정되었던 것입니다(눅 24:26- 27). 본문의 1~6절까지는 종교 지도자들이 예수를 어떻게 죽일지 연구를 했습니다. 사람을 살리는 일에 일생을 바쳐야 하는 종교 지도자들이 예수님을 죽일 연구를 했습니다.

예수를 따르는 민중이 많기 때문에 백성들의 반발을 사지 않으면서 예수를 체포할 연구를 했던 것입니다. 그때 가룟 유다가 이 문제를 해결했던 것입니다. 사단이 유다를 자극하여 돈에 눈이 어두워지게 만들어 버렸습니다 (요 13:2, 27).

유다는 결코 예수님의 참 제자가 아니었습니다.

유다도 예수님을 따라 다니면서 다른 제자들과 같이 전도도 하고, 이적도 나타내고 했을 것입니다.

그러나 우리가 명심할 것은 버림받은 자에게 이적도 기사도 나타날 수 있다는 사실을 알아야 합니다(마 7:21-29).

유다는 평소에도 돈 관리를 하면서 도적질을 했습니다(요 12:4-6). 그리고 예수님을 정치적 구원자로 보고 열심히 따라 다니며 큰 관직을 얻을 욕망을 가지고 있었으나 그것이 무산될 기미가 보이자 실속을 차릴 기회를 노렸습니다. 그러던 중 종교 지도자들이 고민하고 연구하는 문제에 해결사로 뛰어든 것입니다.

예수님은 자신의 고난과 죽음이 임박해 오는 것을 아시고 유월절을 계기로 만찬을 계획하시고 물동이를 가지고 가는 사람에게 만찬을 준비시키셨습니다. 성경에는 나귀 주인이나 만찬을 준비한 여인의 이름을 밝히지 않았습니다. 이것은 그 당시 분위기도 생각할 수 있겠지만 주님을 위한 익명의 제자가 있었다는 것입니다.

예수님은 유월절 예비일에 미리 유월절 식사를 제자들과 함께 하셨습니다.

예수님은 만찬 도중에 여러 가지 사실을 밝히셨습니다(14~16절, 21~38절).

요한복음에 보면(요 13:1-20) 주님은 먼저 제자들의 발을 씻기셨습니다.

그리고 제자들에게 떡을 나누어 주시고, 잔을 나누시면서 사랑의 교제를 하셨습니다.

그리고 제자들 중 한 명이 변절할 것이라고 말씀하셨습니다. 예수님이 제자를 부르시기 전에 밤을 새워 기도하시고 선택하셨습니다. 그것뿐 아니라 제자들은 3년 동안 예수님을 따라다니면서 보고 배웠습니다.

그런데도 예수를 배반했다는 것은 가룟 유다가 자신의 의지로 육신적인 길을 택했던 것입니다.

육신의 생각은 결국 사망입니다. 우리가 하나님의 예정과 예지를 믿는다고 인간의 책임이나 의무를 무시하지 말아야 합니다. 모든 것이 하나님의 뜻 안에서 이루어지지만 그 죄값은 심판을 피할 수가 없는 것입니다.

그러나 마태복음 27:4에 유다는 자신이 무죄한 피를 팔았다고 시인했고, 목을 매어 자살했습니다. 사도행전 1장에는 그가 배가 터져 창자가 밖으로 흘러나와 죽었다고 증거하고 있습니다. 즉 죽음까지 비참했음을 드러냅니다. 가룟 유다는 성만찬에 참여하였지만 예수님의 참 제자가 아니었습니다.

그리고 예수님은 제자들의 세속성 즉 누가 크냐하는 논쟁에 제자의 자세는 섬기는 자, 겸손해야 된다는 사실을 교훈 하시고 베드로가 부인할 것, 제자들이 도망갈 것을 말씀하셨습니다.

예수님은 성만찬 후 자신을 기념하라고 하시고 계속해서 기념 예식을 행하라고 하셨습니다.

성찬은 예수께서 세상을 구원하시기 위해 자신의 살과 피를 주셨다는 사실을 신자들에게 상기시키는 거룩한 기념 잔치입니다

예수님이 기념 만찬을 제정 하실 때 기적적인 일이 발생하지 않았습니다. 떡은 떡 그대로 포도주는 포도주 그대로 였습니다. 진짜 살과 피를 받은 것이 아니라 영적으로 새 사람 된 것을 기념하는 예식입니다.

그러므로 성찬은 3가지 의미가 있습니다.

1. 예수님의 죽으심을 기념하는 예식입니다.
2. 예수님의 죽으심을 주님 재림 때까지 전하는 예식입니다.
3. 교회의 하나됨을 기념하는 예식입니다.

한피받아 한몸 이룸으로 함께 참예하는 공동체 예식입니다.

우리는 성만찬의 의미를 깊이 깨닫고 참여해야 될 것입니다.

우리는 성찬식에 아무렇게나 참여한 죄를 회개해야 합니다.

제자들에게 당할 시험들

눅 22:24-38

예수님께서는 제자들이 시험당할 것을 예고 하셨습니다. 물론 성찬식 이후에 만난 시험입니다.

그러나 예수님은 제자들을 훈계하시고 붙들어 주십니다.

32절에 보면 예수님께서 베드로를 위시해서 제자들을 위해 기도하셨음을 말하고 있습니다. 특히 예수님이 고난을 통해 구속사역을 이루어 가시듯이 예수님의 고난에 동참하는 자에게는 하나님 나라의 축복이 약속되어 있는 것입니다.

지금도 하나님 보좌 우편에서 우리를 위해 중보기도를 하고 계시는 주님을 찬양하고, 감사해야 할 것입니다.

제자들은 서로 자리 다툼 때문에 예수님을 실족케 하려 하였고, 또 깨어 기도하지 않았기 때문에 시험에 빠질 수 밖에 없었던 것입니다. 그러나 주님은 끝까지 자비를 베푸시고 붙들어 주시며 버리지 아니 하셨습니다.

우리는 세상에서 그리스도의 신실한 제자로서의 삶을 유지해야 합니다. 영적인 무장을 해야 합니다.

섬기는 삶을 살아야 합니다.

세상에서 조소와 미움을 받아도 이겨야 합니다. 영적인 무장을 해야 합니다.

칼을 쓰는 자는 칼로 망합니다. 그러므로 영적인 무기로 승리해야 합니다. 내 각오나 내 결심만으로는 부족합니다. 예수님을 의지해야 합니다.

· 나는 어떠합니까?

· 말씀의 의미도 제대로 파악하지 못하고 있지는 아니합니까?
· 교회에서 자리 다툼에 혈안이 되어 있지 아니합니까?
· 영적으로 무장되어 있습니까?
· 고난을 각오하고 있습니까?
· 성찬식에 참여하면서 시험에 들지는 아니합니까?
· 기도는 많이 하는 척 하면서 문제는 혼자 일으키고 시험은 혼자
  단골로 드는자는 아닙니까?

겟세마네에서의 기도

눅 22:39-53

예수님은 십자가 사역의 완성을 위해 기도 하셨습니다. 그 어느때 기도보다 더 힘든 사망의 고통을 맛보는 고뇌의 기도였습니다.

겟세마네 동산은 예수님의 기도 장소였습니다.

자주자주 올라와서 기도하시던 장소였습니다(21:37).

유다는 예수님의 기도 장소를 알고 있었습니다(요 18:1,2).

인간이 유혹에 빠져 타락할 때도 동산에서 이루어졌듯이, 예수님의 인간 회복 사역도 동산에서 이루셨습니다. 예수님은 인류를 구원하기 위해서는 값비싼 희생의 잔을 마셔야 했습니다.

베드로와 요한과 야고보는 여덟명의 제자와는 더 가깝고 다른 장소에서 기도하도록 했습니다.

예수님께서 야이로의 딸을 살리셨을 때와(눅 8:45-56), 또 변화산에서 변화하셨을 때(9:28~36) 이 세 제자를 따로 데리고 가셨습니다. 오늘 겟세마네 동산에서 기도하실 때도 따로 장소를 정해주셨습니다. 이것은 차별이 아니라 구별이었습니다. 이들은 예수님의 제자로서 중추적인 역할을 한 자들입니다. 그후에 사도들 중에 제일 먼저 순교한 자가 야고보였습니다(행 12:1,2). 요한은 사도중에서 제일 나중에 순교했고, 요한계시록을 기록했습니다.

베드로는 엄청난 박해를 받고 결국 십자가에 거꾸로 매달려 처형되었다고하니 이들에게는 더 큰 영력이 필요했을 것입니다.

누가복음은 예수님이 기도할 때 땀이 핏방울같이 되더라고 언급한 유일한 기록입니다.

'같이…' 라는 말은 피가 아닙니다. 그만큼 땀이 진하더라는 의미입니다.

인간은 범죄하므로 이마에 땀을 흘리면서 살아야 했습니다. 예수님은 인간으로 오셔서 이땀을 맛보면서 인간의 저주의 땀을 해결 하셨던 것입니다.

이때 가룟유다가 이제 예수를 죽일려는 무리의 첩보원이 되어 찾아와 예수님께 입을 맞추었습니다. 모든 입맞춤이 사랑의 행위가 아닙니다. 유다의 입맞춤은 아주 비열한 위선과 배신에 속하는 것이었습니다. 유다는 가장 좋은 예수님을 가장 나쁘게 팔았고, 가장좋은 입맞춤을 가장 나쁘게 악용한 자였습니다. 유다는 찬양이란 이름의 뜻을 가졌습니다.

그런데 그는 사단과 똑같은 거짓말 장이였습니다. 가짜 제자였고, 연보를 탐하는 자였고, 이름과 반대되는 삶을 살았고 거짓 입맞춤을 한 자였습니다. 가룟유다의 입맞춤으로 예수님을 확인하고 무리들이 예수님을 체포할려고 할 때 베드로는 칼로 대제사장의 종인 말고의 귀를 깍았습니다.

아마 그가 호언장담한 사실을 실천할려고 했는지 모릅니다. 베드로는 영적무기를 쓰지않고, 육적무기를 사용하는 실수를 범했습니다.

베드로는 진정한 적이 아닌 적과 싸웠습니다. 우리의 적은 혈과 육이 아닙니다(엡 6:10~18, 고후 10:3~6). 예수님이 기도와 말씀으로 시험을 이기셨듯이 하나님의 말씀을 생각하고 사용했어야 했습니다.

· 나는 영적인 무기가 준비되어 있습니까?
· 영적인 적을 육적으로 해결할려고 하지는 않았습니다.

예수님의 이중고난

눅 21:54-62

예수님은 자신을 어두움의 세력에 맡기심으로 수난이 시작되었습니다. 십자가 달리시기전 여섯 번이나 각기 다른 재판을 받으셨습니다.

세 번은 유대인들에게 였습니다.

또 세번은 로마 당국에게 였습니다.

이것은 유대인들은 사형을 언도할 수 있는 사법권이 없었기 때문입니다(요 18:31, 32).

그들은 예수님을 어떻게 하던지 죽일려고 로마 당국으로 끌고 갔던 것입니다. 그리고 무리들을 충동시켜 선동하도록 했습니다.

예수님이 가야바 앞에서 재판받을 때 베드로가 가야바의 집뜰에서 주님을 세번이나 부인했습니다. 부인하는 베드로를 돌아보신 예수님은 이중적인 수난을 받으신 것입니다. 심문의 고통과 배신의 고통, 3년동안 가르쳐도 넘어지는 열매 없는 고통이었습니다. 베드로는 예수님의 눈길을 보는 순간 예수님의 말씀이 생각나서 회개했습니다. 문제는 말씀이 생각나야 되는 것입니다.

예수님의 눈길과 닭울음 소리와 예수님의 말씀이 생각되는 순간 회개의 역사가 일어났습니다.

자연이나 가축이나 모든 환경은 우리에게 깨달음을 줄 수 있는 소제가 됩니다.

꽃 한송이를 보고도 창조의 신비를 깨닫고 둥근달을 보고도 하나님의 질서를 깨닫고 믿음이 생기게 됩니다. 그러나 우리의 심령이 둔해 있으면 깨닫지를 못합니다.

주님과 함께 옥에도 죽는데도 같이 가겠다고 장담했지만 위험한 상황에서 자신의 신분이 탄로날 때 본능적인 생각에 사로잡히게 되어

부인했던 것입니다

　그러나 주님은 베드로를 사랑하셔서 회개의 기회를 주시고 베드로는 회개했습니다. 유다는 회개의 기회를 수차례 주어도 회개치 않았습니다.

　예수님의 참 제자는 회개자와 회개치 아니한 자로 구분될 것입니다.

　· 우리는 본능적으로 주님을 부인하지 않았습니까?
　· 나는 얼마나 회개하는 생활을 합니까?

내가 하나님의 아들이라

눅 21:63-71

공회에 끌려온 예수님은 마지막 심문이 이루어 졌습니다. 네가 하나님의 아들이냐? 라는 질문에 예수님이 너희 말과 같이 내가 하나님의 아들이라고 공언하셨습니다.

죽음 앞에에 하는 말은 진실한 말입니다.

예수님의 말씀은 진실이 아닌 것이 없습니다만 죽음 앞에 공언한 말은 더욱더 진실하고 강조되는 말인 것입니다. 그러나 그들은 예수님의 주장은 거짓이고 예수님은 신성 모독자라는 단정을 내렸습니다.

레위기 24:10~16절에 보면 신성 모독죄는 사형에 해당되기 때문에 종교 재판의 결정은 예수님을 죽이는데 합의했던 것입니다.

이제 로마의 재판만 받으면 다 끝나는 것입니다. 로마의 총독 역시 나사렛 예수는 죽어 마땅한 범죄자라고 확신하게 되었던 것입니다.

십자가 처형이 선고 되었는데 십자가 처형은 단지 로마인들만이 내릴 수 있는 형벌이었습니다.

예수님의 십자가 죽음은 사악한 인간의 마음과 하나님의 은혜와 자비로우신 마음을 동시에 보여주는 증거입니다.

예수님은 하나님의 아들입니다. 이시간 우리도 예수님을 하나님의 아들로 철저히 따르던지 아니면 예수님은 하나님의 아들이 아니면서 거짓말장이라고 정죄하던지 둘 중에 한쪽을 선택해야 합니다. 그리고 하나님이면서 인간의 모습으로 오신 하나님의 아들의 사역이 고난과 십자가 죽음으로 이루신 하나님의 섭리와 방법에 대해 깊은 깨달음이 있어야 할것입니다.

하나님과 같이 되어 살고자 하는 자는 죽을 것이고, 한알의 밀알이 땅에 떨어져 죽는것처럼 죽는 자는 많은 생명의 열매를 맺을 것입니다.

예수님에 대한 빌라도의 태도

눅 23:1-25

누가 23장은 모두 예수님에 대한 주변 사람들의 태도에 대해 기록하고 있습니다.

1~25절은 예수님에 대한 빌라도의 태도입니다.

본디오 빌라도는 주후 26~36년까지 유대 총독으로 봉직한 자입니다.

빌라도는 예수님의 재판을 처리하는데 우유부단 했습니다.

그는 재판에서 3번이나 무죄를 선고하고도 결국엔 예수님을 십자가에 처형하는 일에 앞장섰던 것입니다.

1-5절은 빌라도의 증언이 기록되어 있고, 6~12절은 빌라도의 지연작전이 벌어집니다.

그리고 13-23절은 빌라도가 유대인 지도자를 만나 교섭을 했습니다. 그것은 유월절에 총독이 죄수 한명씩 특사로 풀어 주는 관습이 있었으니 예수를 매질하고 석방시키는 것이 어떠냐는 것입니다.

그러나 유대인들은 다른 죄수 바라바를 석방 하기를 원했습니다. 할수없이 24-25절에 빌라도가 양보하는 쪽으로 타협이 이루어지게 되었습니다.

여기에서 우리가 발견할 수 있는 것은 빌라도는 정의보다 정권치욕이 그를 지배했다는 것입니다. 여론과 주위 분위기에 밀린 것입니다.

그리고 군중들은 로마의 앞제에서 해방시킬 정치적인 메시야를 기다리고 있었기에 예수님은 하나님의 나라를 건설하러 오셨기 때문에 그들의 욕구를 충족시켜 줄 수 없었습니다.

다시 말씀드린다면 자기들이 잘못 믿고 있는 복음으로 참 복음을 배척했다는 것입니다.

빌라도는 잘못된 여론에 밀리어서 중대한 오판을 하게 되었습니다.
우리는 주위의 잘못된 여론에 밀리어 오판 하거나 자신의 잘못 믿고 있는 것을 고칠 생각보다 고집하므로 복음을 거부하거나 진리를 싫어하는 과오를 범하지 말아야 할 것입니다.
우리는 예수님에 대한 태도가 어떠합니까?

예수님과 구레네사람 시몬

눅 23:26-

예수님의 십자가의 길과 고난은 순종의 길을 가는 과정이었습니다. 이는 자기 피로써 우리를 거룩하게 하기 위해서 였습니다(히 15:12).

예수님의 십자가 고통의 현장에서 동참한 자가 있습니다. 구레네 사람 시몬이었습니다.

그는 억지로 십자가를 졌겠지만 예수님의 육신의 한계의 고통을 순간적이나마 들어준 자(동참한자)가 된 것입니다.

무거운 십자가를 지고 옮기는 일은 말할수 없는 고통입니다. 그러나 그것보다도 더 수치스러운 일은 십자가형이 가장 극악한 죄인들에게 주어지는 사형이라는 것입니다. 그런데 예수님은 죄인이 아니라는 사실입니다. 구레네 시몬 역시 로마의 법 절차에 의해 이루어졌지만(마 5:41 참조), 그는 십자가에 해당하는 죄인이 아니었다는 것입니다.

그러나 유대인들이 유월절을 경축하려고 각국에서 예루살렘으로 모여든 사람중에 일원인 구레네 시몬은 예수 그리스도를 만날 수 있는 기회와 복이 주어졌다는 사실도 생각해야 할 것입니다.

그는 아프리카에서 1,300키로미터를 여행해 온 자입니다. 그도 지친 몸이었을 것입니다.

그는 예수님에게 십자가를 지우는 무리와는 다른 십자가를 대신 져 주는 고난에 동참한 자니 영광스러운 기회가 아닐 수 없습니다.

구레네 시몬은 이 기회에 예수를 만남으로 예수를 믿게 되었다고 생각하는 성경적 추측 근거가 있습니다. 롬 16:13절에 나오는 루포가 시몬의 아들로 보는 견해가 있다는 것입니다(마 15:21).

우리는 내 몫에 태인 십자가 때문에 예수님을 만나는 계기가 되었다면 영광스럽고 복스러운 기회가 아닐 수 없습니다.

십자가는 억지로라도 지는 것이 복이 되는 경우도 있다는 증거가 됩니다.

우리는 십자가를 지고 주를 따르는 자들이 되어야 할 것입니다.

예수님과 예루살렘의 딸들

눅 23:27-31

예수님은 십자가 고난의 길을 말없이 참고 감당하시면서 순종하셨습니다.

순종은 사실 고난의 길이요, 십자가의 길입니다.

제자들은 다 도망 갔지만 많은 여인들이 십자가 뒤를 따라 왔습니다(27).

복음서의 기록에 보면 여인들이 예수님을 대적하거나 배신한 기록이 없습니다.

예수님 역시 바리새인들이나 서기관들처럼 여인들을 대적하거나 책망 하신 일이 없습니다.

예수님의 구원 역사 속에 여인들을 영화롭게 높이셨습니다. 예수님의 탄생 소식을 유대의 한 처녀가 받고, 여인을 통하여 사람의 몸을 입으셨습니다. 한 여인을 통하여 예수님의 몸에 기름(향유)을 부어 죽음을 예비하셨습니다.

예수님의 부활의 소식 역시 한 여인에게 최초로 전해졌던 것입니다.

예수님께서 십자가 고난의 길 뒤에서 여인들이 따라오면서 자기 민족과 종교지도자들의 타락한 상태를 한탄하면서 중심에 통탄하는 것을 보셨습니다.

그리고 하시는 말씀이 "예루 살렘의 딸들아, 나를 위하여 울지말고 너희와 너희 자녀를 위하여 울라"고 하셨습니다.

예수님은 자신의 고난 때문에는 울지 아니했습니다.

오히려 예루살렘의 여인들을 위해 그들의 앞날을 염려하시고 동정하셨습니다.

예수님은 예루살렘의 미래를 바라보시면서 이스라엘 민족의 멸망을 슬퍼하셨습니다(눅19:41-44).

그런데 이상한 것은 여인들은 예수님을 배반하지 않았는데 슬프게도 예루살렘 함락시 가장 고통받는 자들은 여인들과 아이들이 될 것이라는 것입니다. 이 사실은 예루살렘 함락시 역사적으로 입증되었습니다.

이스라엘 민족은 예수님이 계시는 동안에는 '푸른나무' 같았습니다. 복과 기회의 시대였습니다. 그러나 그들은 복의 기회를 놓치고 멸망과 심판을 자청했다는 것입니다.

로마 나라가 무죄한 예수님에게도 그렇게 대하는데 범죄한 너희들 즉 이스라엘 나라에게는 어떻게 하겠느냐는 것입니다.

이스라엘 멸망시에 일어날 일을 상상토록 한 것입니다.

우리는 내가 십자가를 지고 주를 따름으로 고난받는 눈물보다는 이 세상의 사람들과 민족들이 회개치 아니하므로 말미암아 임할 하나님의 심판을 두려워하고 슬퍼해야 하고 울어야 할 것입니다.

자신의 고통의 눈물보다, 회개의 눈물을 민족을 위한 중보기도의 눈물을 흘려야 할 것입니다.

· 우리는 죄를 보고 운적이 있습니까?
· 타락과 우상 숭배를 보고 가슴치며 울면서 기도한 적이 있습니까?

예수님과 두 십자가 동기

눅 23:32-43

십자가는 그 사회나 국가에서 버림받은 저주의 형벌입니다. 십자가는 국법의 최후의 수단입니다.

예수님은 버림받을 일은 한적이 없으면서 버림받았습니다. 이것은 불의의 세력의 앞도적인 숫자에 의해 정의가 꺽인 것입니다. 죄인들이 의인 노릇을 하고, 의인이 죄인된 오류의 사건입니다.

피조물이 창조주를 잡아 끌고 와서 십자가를 지게 하고 죽이는 역사와 창조의 대혼란입니다. 빛이 세상을 지배하지 못하고 어두움이 세상을 지배하게 되었습니다.

진리가 수모를 당하고 비진리가 진리를 지배하는 흑암이 깊음 위에 있는 사건입니다.

그런데 예수님께서 십자가에 달리셨을 때 좌우편에 두 행악자도 있었습니다. 이들은 십자가 죽음의 동기가 된 것입니다. 이 행악 자들은 마 27:38절에 보면 강도들이었다고 했습니다.

이들은 공개적으로 폭력을 사용하며 살인을 자행한 무장강도들입니다.

예수님은 오전 9시경 십자가에 달리셔서 오후 3시까지 십자가 위에 계셨습니다. 그리고 12시부터 3시까지는 가장밝을 낮인데도 온 땅에 어두움이 덮혔습니다(마 15:25, 33).

예수님은 말할 수 없는 잔인한 고통속에 십자가 위에서 7가지 말씀을 하셨습니다.

이 말씀은 십자가 아래있는 사람들이 다 알아 들을수 있도록 소리내어 외치신 것입니다.

· 아버지여 저희를 사하여 주옵소서(눅 23:34).

- 오늘 네가 나와 함께 낙원에 있으리라(눅 23:43).
- 여자여 보소서 아들이나이다(요 19:25-27), 세시간 동안 암흑, 침묵하심.
- 어찌하여 나를 버리시나이까(마 27:46).
- 내가 목마르다(요 19:28).
- 다 이루었다(요 19:30).
- 아버지여 내 영혼을 아버지 손에 부탁하나이다(눅 23:46).

예수님은 무죄한 자기를 못박는 무리들을 향하여 사죄와 용서의 기도를 드렸습니다.

그런데 예수님 십자가 위에 좌우에 십자가 동기 두 사람중 한 사람은 종교지도자들의 조롱을 본받아 자신을 십자가 위에서 내려 구원하라는 것입니다. 그것은 예수님은 메시야가 아니기 때문에 십자가에서 죽는다는 것입니다.

그것은 현 유대 종교지도자들의 말이 맞고 예수님은 종교 사기꾼이라는 내용으로도 생각할 수 있습니다. 그러나 다른 한편 강도는 주위 분위기와 청중의 흐름에 동요하지 않고 십자가에 죽는 예수님이 천국과 지옥의 열쇠를 가지고 있다는 사실을 믿었던 것입니다. 우리는 오래 믿는 것도 중요하지만 늦게 믿어도 바로 믿으면 된다는 진리를 깨달아야 하는 것입니다.

한편 강도는 은혜로 구원 받은 모델입니다. 구원 받을 자격이 있었습니다. 예수님은 최후의 순간까지 한 영혼을 천하보다 귀하게 여겨 구원하셨습니다.

- 나는 최후의 순간까지 예수 증거하고 전도하겠습니까?
- 예수님처럼 십자가를 지고 따라가는 십자가 후배가 되기를 바랍니다.

예수님의 성부 하나님께 드리는 기도

눅 23:44-49

예수님의 최종적인 기도가 성부 하나님께 자신의 영혼을 아버지의 손에 부탁드리는 기도였습니다.

이 순간이 영과 육의 분리의 순간이었습니다. 영혼이 육신에 머무는 동안에는 육체이지만 영혼이 떠나는 순간 시체로 변하는 것입니다. 예수님은 하나님의 의를 만족시키고, 인간을 구원하실수 있는 구속의 사역을 완성하셨습니다. 다 이루시고 난 다음 육체의 생명을 거두셨던 것입니다.

예수님은 우리 죄를 구속하기 위해 자신의 영혼을 내어 주셨던 것입니다.

주님께서 "다 이루었다"고 소리쳐 외치신 후 성부 하나님께 자신의 영을 부탁하는 기도를 드렸습니다. 예수님의 죽음의 마지막 순간에 성소의 휘장이 위로부터 아래까지 찢어졌습니다(막15:38).

이것은 이제 하나님께로 누구든지 나아갈 수 있는 길이 열렸음을 의미하는 것입니다.

이제는 제단, 희생 제물 시대가 끝나고 누구든지 즉 제사장 외에도 누구든지 하나님께 나아갈 수 있는 은혜가 주어졌다는 것입니다.

예수님의 죽음의 마지막 순간에 일어난 사건에 대한 사람들의 반응이 기록되어 있습니다.

백부장은 "이 사람은 정녕 의인이며 하나님의 아들이었도다(47)"라고 했습니다. 이 사람은 예수님의 사형 집행을 맡았던 자입니다.

다음 무리들은 구경꾼들 이었는데 한 사람씩 돌아가면서 가슴을 치며 돌아갔습니다. 그들은 십자가 광명을 보면서 자신들의 죄악을 깨닫게 되었던 것입니다.

　　세번째 부류는 여인들입니다. 예수님을 따랐던 무리들과 예수님의 추종자들 이었습니다.

　　이들은 십자가 아래 마지막까지 있었던 자들입니다.

　　나는 십자가를 생각하면 어떤 반응이 있습니까?

　　내가 그 자리에 있었다면 어떤 부류이었겠습니까?

예수님 죽음 이후 아리마대 요셉

눅 23:50-56

참 제자나 헌신자는 어려울 때 드러납니다.

요셉은 아리마대 사람이요, 공회의원 이었습니다. 성경은 그를 선하고 의로운 자라고 했습니다. 선은 인간 관계에서 나타는 행위라고 한다면 의는 그의 신앙을 말하는 것일 것입니다.

요한복음에 보면 예수님께 밤에 찾아와 영생문제를 질문했던 니고데모는(요 19:38~42) 몰약과 침향을 예수님의 시체에 바르고 세마포에 쌌습니다.

요셉과 니고데모는 공회의원이지만 예수님을 죽이기로 결의했던 모임에는 참석하지 않은 것으로 보여집니다. 아리마대 요셉은 미리 준비해 둔 자기의 새 무덤을 예수님 무덤으로 사용하게 되었던 것입니다. 요셉은 부자였습니다. 그래서 요셉을 통해 예수님 무덤을 준비케 하신줄로 믿습니다.

예수님이 돌아가시자 요셉은 즉시 빌라도에게 가서 예수님의 시체를 달라고 했습니다. 그래서 깨끗하게 장례식을 치루었던 것입니다.

만일 요셉과 니고데모가 아니었다면 예수님의 시체는 예루살렘 도성 밖에 쓰레기장에 버렸을지도 모릅니다. 왜냐하면 십자가 위에 사형자는 정상적으로 무덤에 넣어 장사하는 일이 좀처럼 없었기 때문입니다. 우리는 아리마대 사람 요셉을 통하여 느끼고 깨닫는 바가 필요합니다.

하나님의 나라를 기다린 요셉은 불의와 타협하지 않고 하나님이 맡기신 일이나 성령의 감동에 변함없이 충성하고 순종할 수 있는 것입니다.

· 나의 신앙은 위기에 어떤 형태로 나타날 것인지 조용히 자신을 반성하며 묵상합시다.

부활하신 예수

눅 24:1-12

예수 그리스도는 부활하셨습니다.

그러나 사단은 거짓말장이들과 죽은 크리스천들을 이용해서 제자들이 예수님의 시신을 훔쳐 갔다고 소문을 퍼뜨리게 했습니다.

그리고 예수님이 실제 돌아가신 것이 아니라 졸도했다는 설입니다. 그래서 예수님이 서늘한 무덤에 눕혔을 때 다시 소생했다는 것입니다.

그러나 빌라도가 여수님이 죽은 것을 확인시켰고 사형 집행장에 거하는 자들이 즉 맡은 자들이 사망을 확인하고 예수님을 장사토록 했다는 것입니다. 그들은 전문가들 입니다.

예수님이 부활하신 후 처음으로 막달라 마리아에게 나타나셨습니다. 그 다음에 다른 여자들에게 그리고 엠마오로 가는 두 제자들에게 베드로와 야고보에게 나타나셨습니다.

사도들이 모여 있는 곳에 공개적으로 나타나신 적도 있습니다. 예수님은 십자가 가까이 머물고 있던 사람에게 제일먼저 나타나 보이셨습니다. 그리고 헌신적인 여인들을 생각하셨습니다.

예수님의 부활은 천사가 증거했고 빈무덤이 증거했습니다.

지진과 천사가 큰 돌문을 열었겠지만 이것은 예수님이 무덤에서 나오게 하려고 하는 목적이 아니라 증인들이 무덤에 들어가서 확인하게 하기 위한 목적인줄 믿습니다.

사랑하는 성도 여러분!

나는 부활에 대한 확신을 가지고 증인의 사명을 잘 감당하고 있습니까? 기독교 복음의 핵심은 예수 십자가와 부활이라는 사실을 명심해야 합니다. 십자가 진리를 아는 자라야 부활의 영광에 참여합니다.

할렐루야!

부활의 확증

눅 24:13-27

예수님의 말씀은 가슴을 뜨겁게하여 눈을 열어 주십니다. 두 제자가 예루살렘에서 13Km 북쪽으로 떨어진 곳에 위치한 작은 마을로 내려가고 있었습니다. 그리고 그들은 부활하신다는 예수님의 말씀도 잊어 버리고 예수님이 부활하셨다는 여인들의 보고를 듣고도 믿지 않았습니다.

예수님이 이스라엘의 구속자가 되기를 소망했는데 그 소망은 물거품처럼 사라졌기에 낙망했습니다.

그들은 하나님의 뜻과 계획이 무엇인지 깨닫기보다는 자기들이 원하는데로 되어지지 않자 낙심했다는 것입니다. 여러분! 내뜻데로 안된다고 낙망하지는 아니합니까? 하나님의 뜻에는 관심이 없고 자신이 원하는 것으로 우리의 생각과 삶을 가득채우고 있지는 아니합니까?

그러나 예수님은 한번 관계를 맺으면 영원히 포기하지 아니하시는 분이십니다.

절망하는 자의 눈에는 예수님이 옆에 계셔도 보이지 않고 말씀하셔도 깨닫지 못하는 것입니다.

우리가 말씀을 들어도 믿지 아니하면 영의 귀가 열리지 않고 영의 눈도 열리지 아니합니다.

그러나 예수님은 두 제자에게 성경을 가르치고 풀어 주었습니다. 그래서 그들의 눈을 뜨게 하심으로 주님을 알아보게 했고, 부활하신 예수님의 격정을 확인하게 했던 것입니다.

제자되는 과정은 성경을 자세히 풀어 설명하여 가르쳐 줄때 말씀을 깨달음으로 부활하신 예수를 만나는데서부터 출발하는 것입니다.

엠마오의 길은 세상의 길, 타락의 길, 낙망의 길이라면, 예루살렘으로 올라가는 길은 생명의 길이요, 소망의 길이요, 성장의 길입니다.

· 나는 부활의 확증이 있습니까?
· 나는 엠마오의 길을 가고 있지는 않습니까?
· 예루살렘으로 가고 있습니까?

영적인 눈을 뜨게 하시는 예수님

눅 24:28-35

낙심하여 엠마오로 가는 두 제자를 예수님은 찾아가셔서 믿음의 눈을 뜨게 하셨습니다.

저들은 예수님이 부활하셨다는 소식을 듣고도 믿음이 생기지 않았습니다.

예수께서 현세적 이스라엘을 구속하시기를 희망했으나 그것이 산산이 깨어질 때 열심도 뜨거움도 사라졌습니다. 그러므로 엠마오로 내려가고 있었습니다.

우리는 신앙생활을 한다고 하지만 자기가 원하는 방향으로 되어지지 아니할 때 낙망하는 스타일은 아닙니까? 예수님은 성경에 예언된 메시야에 대한 기록을 믿지 않는 그들에게 자세히 풀어 설명을 했습니다. 예수님은 예수님 자신에 관한 것을 가르치셨습니다. 그럴 때 그들은 깨닫는 역사가 일어났습니다. 그 사람의 속사람을 변화시키는 역사는 성경을 풀어 가르칠 때입니다.

예수님이 성경을 풀어 설명할 때 그들의 영적인 눈은 뜨게 되었고 주님을 알아보게 되었던 것입니다. 그리하여 그들은 낙망의 걸음을 돌려 예루살렘으로 다시 돌아가게 되었던 것입니다.

부활하신 주님을 만나고 깨달으면 필연적으로 사명에 눈을 뜨게되고 주님을 위해 충성하고 헌신하게 되는 것입니다.

· 나는 부활하신 예수님을 만나고 있습니까?
· 성경을 풀어 설명하면서 제자 양육을 하고 있습니까?

혼란이후 확증 기쁨

눅 24:36-53

예수님이 부활하시고 많은 자들이 보았으나 제자들은 여전히 혼란스러운 상태에 빠져 있었습니다.

그것은 전에처럼 예수님이 늘 함께 계시지 아니했고 또 어떤 이들은 유령이 나타났다고 생각하기도 했을 것이고 또 모두가 다 부활하신 주님을 보지는 못했기 때문입니다. 그러기에 놀라고 무서워하고 두려움에 사로 잡혔습니다. 그래서 예수님께서 제자들이 모여 있는 장소에 나타나셨습니다.

그리고 "너희에게 평강이 있을지어다"라고 축복의 말씀을 거듭주셨습니다.

그리고 자신의 손과 발을 보여 주셨습니다. 십자가에 죽으셨던 예수님을 확인시켜 주셨습니다.

그러니까 예수님의 영만 나타나신 것이 아니라 육체로 부활하셨음을 보여 주셨습니다.

그리고 떡과 생선을 잡수셨습니다.

그 이후 저들은 너무 감격했습니다. 41절 "저희가 너무 기쁘므로 오히려 믿지 못하고"라는 말씀은 너무 당혹스러운 감격을 묘사하고 있습니다.

그러나 제자들에게 이런 감격을 주신 특권에는 책임이 따른다는 사실도 명심해야 됩니다.

이제는 확증된 증인이 되어야 한다는 것입니다.

특권에는 책임이 있는 것입니다.

우리는 "죄사함을 얻게하는 회개의 복음"을 세계만방에 모든 족속에게 전해야 하는 것입니다. 부활을 믿고 체험한 자는 다 이 복음의 증인입니다.
　예수님은 제자들을 축복하시고 승천 하셨습니다.

　· 우리는 부활의 확증된 믿음과 기쁨이 있습니까? 그리고 증거합니
　　까?

✽
공관복음 강해
✽
초판 1쇄 / 2002년 12월 31일

✽
저 자 / 김기원
펴낸이 / 이규종
펴낸곳 / 엘맨출판사
✽
서울시 마포구 합정동 433-62
출판등록 / 제 10-1562호 (1985.10.29.)
✽
TEL / (02) 323-4060
FAX / 080-088-7004
e-mail / elman1985@hanmail.net
✽
잘못된 책은 바꾸어 드립니다
✽
값 10,000원